2o PREMIO MIES VAN DER ROHE
DE ARQUITECTURA LATINOAMERICANA

2nd MIES VAN DER ROHE AWARD
FOR LATIN AMERICAN ARCHITECTURE

INDICE   CONTENTS

2o PREMIO MIES VAN DER ROHE
DE ARQUITECTURA LATINOAMERICANA

2nd MIES VAN DER ROHE AWARD
FOR LATIN AMERICAN ARCHITECTURE

COMITÉ DE HONOR · HONOUR COMMITTEE

S.A.R. EL PRÍNCIPE DE ASTURIAS

EXC. SR. JOAN CLOS
Alcalde de Barcelona y Presidente de la
Fundación Mies van der Rohe

EXC. SR. JOSEP PIQUÉ I CAMPS
Ministro de Relaciones Exteriores de España

EXC. SR. JAIME JOSÉ MATOS DE GAMA
Ministro dos Negócios Estrangeiros de Portugal

EXC. SR. ADALBERTO RODRÍGUEZ GIAVARINI
Ministro de Relaciones Exteriores de Argentina

EXC. SR. JAVIER MURILLO DE LA ROCHA
Ministro de Relaciones Exteriores de Bolivia

EXC. SR. LUIZ FELIPE LAMPREIA
Ministro de Relaciones Exteriores de Brasil

EXMA. SRA. MARÍA SOLEDAD ALVEAR VALENZUELA
Ministra de Relaciones Exteriores de Chile

EXC. SR. GUILLERMO FERNÁNDEZ DE SOTO
Ministro de Relaciones Exteriores de Colombia

EXC. SR. ROBERTO ROJAS LÓPEZ
Ministro de Relaciones Exteriores de Costa Rica

EXC. SR. FELIPE PÉREZ ROQUE
Ministro de Relaciones Exteriores de Cuba

EXMA. SRA. MARÍA EUGENIA BRIZUELA DE ÁVILA
Ministra de Relaciones Exteriores de El Salvador

EXC. SR. HEINZ MOELLER
Ministro de Relaciones Exteriores de Ecuador

EXC. SR. GABRIEL ORELLANA ROJAS
Ministro de Relaciones Exteriores de Guatemala

EXC. SR. ROBERTO FLORES BERMÚDEZ
Ministro de Relaciones Exteriores de Honduras

EXMA. SRA. ROSARIO GREEN MACÍAS
Ministra de Relaciones Exteriores de México

EXC. SR. EDUARDO MONTEALEGRE RIVAS
Ministro de Relaciones Exteriores de Nicaragua

EXC. SR. JOSÉ MIGUEL ALEMÁN
Ministro de Relaciones Exteriores de Panamá

EXC. SR. JUAN ESTEBAN AGUIRRE MARTÍNEZ
Ministro de Relaciones Exteriores de Paraguay

EXC. SR. FERNANDO DE TRAZEGNIES GRANDA
Ministro de Relaciones Exteriores de Perú

EXC. SR. HUGO TOLENTINO DIPP
Ministro de Relaciones Exteriores de la República Dominicana

EXC. SR. DIDIER OPERTTI
Ministro de Relaciones Exteriores de Uruguay

EXC. SR. JOSÉ VICENTE RANGEL
Ministro de Relaciones Exteriores de Venezuela

EXC. SR. ANTONIO CARLOS MORAES DE CASTRO
Presidente de la FPAA

El Premio Mies van der Rohe de Arquitectura Latinoamericana alcanza su segunda edición consagrado como el mayor y más prestigioso de Iberoamérica en este campo. Así lo demuestra la calidad de las más de cien obras candidatas, así como el prestigio de los arquitectos participantes y de los profesionales que se han involucrado en este proyecto, ya sea como expertos o como miembros del jurado.

Con tan solo dos ediciones, el Premio Mies van der Rohe ha tejido una amplia red organizativa, que ponemos al servicio de la transferencia de información e ideas para fomentar un debate sobre la producción más reciente de la arquitectura latinoamericana.

Este catálogo, así como la publicación de un CD-ROM con una selección de proyectos hecha por el jurado, las numerosas conferencias organizadas o la formación de un archivo que recopila los proyectos participantes, ponen claramente de manifiesto esta voluntad.

Las obras reunidas en el catálogo que tienen en sus manos son un claro ejemplo de la riqueza de la arquitectura latinoamericana actual, que es capaz de recoger desde las tendencias más participativas en las corrientes internacionales, hasta aquellas que conjugan su vocación contemporánea con las más diversas raíces autóctonas. Una variedad que conforma un riquísimo y amplio panorama creativo.

Es por ello que me complace presentar esta selección de obras, así como manifestar mi felicitación a Paulo Mendes da Rocha, Eduardo Argenton Colonelli y Weliton Ricoy Torres por el proyecto de restauración, reforma y adaptación del Edificio de la Pinacoteca del Estado de São Paulo, que ha sido la vencedora de esta segunda edición del Premio Mies van der Rohe de Arquitectura Latinoamericana.

JOAN CLOS
Alcalde de Barcelona, Presidente de la Fundación Mies van der Rohe

The Mies van der Rohe Award for Latin American Architecture has reached its second edition as the most coveted and prestigious prize of its kind in the region. This is ratified by the quality of the over one hundred entries as well as the renown of the participating architects and of the professionals involved in the project either as experts or members of the jury.

In only two editions the Mies van der Rohe Award has woven a broad organisational network in the service of the transfer of information and ideas to foster debate on the most recent architectural creations in Latin America.

This catalog, as well as the publication of a CD-ROM containing the jury's selection of projects, the numerous lectures organised on the occasion of the Award and the formation of an archive that compiles the candidate projects together constitute a clear exponent of this objective.

The works featured in the catalogue you are now holding are a clear example of the richness of present-day Latin American architecture, ranging from those trends most in tune with international movements and those that combine a contemporary vocation with a deeply-rooted autochthonous tradition to offer a rich and highly varied creative panorama.

Consequently, I am pleased to present this selection of works and to congratulate Paulo Mendes da Rocha, Eduardo Argenton Colonelli and Weliton Ricoy Torres for their project of restoration, refurbishment and adaptation of the São Paulo State Picture Library Building, winner of this second edition of the Mies van der Rohe Award for Latin American Architecture.

JOAN CLOS
Mayor of Barcelona, President of the Mies van der Rohe Foundation

BASES DEL PREMIO MIES VAN DER ROHE DE ARQUITECTURA LATINOAMERICANA

RULES FOR THE MIES VAN DER ROHE AWARD FOR LATIN AMERICAN ARCHITECTURE

El espacio iberoamericano está constituido por una pluralidad de elementos naturales y culturales, vernáculos y canónicos, tradicionales y adquiridos, todos ellos ligados y vertebrados por un acerbo histórico común. La arquitectura contemporánea es un fiel reflejo de este proceso y también un bagaje cultural que se proyecta hacia el futuro, asumiendo esa multiplicidad de base y, a la vez, el enorme potencial de creación artística que su producción conlleva.

El Premio se propone como objetivo detectar y destacar obras con un carácter innovador y con una idiosincrasia propia que pongan de manifiesto esta cultura común a países diversos, cuyo mutuo conocimiento es a menudo escaso y difícil. Por ello, el Premio deberá mostrar su preocupación y su sensibilidad para dotar a sus manifestaciones de un carácter simbólico y pedagógico.

El Premio utilizará en general y de forma convencional la denominación de "Arquitectura Latinoamericana", porque ésta ofrece la ventaja de referirse de manera más amplia al territorio que comprende el conjunto de los países americanos localizados al sur de Río Bravo y de Cayo Hueso.

Con este fin se instituye un Premio único y bienal, de cuya organización se hace cargo la Fundación Mies van der Rohe de Barcelona, y que se rige por las bases que se exponen más adelante. El Premio cuenta con la participación de las asociaciones nacionales de arquitectos —en especial a través de la Federación Panamericana de Asociaciones de Arquitectos (FPAA)— y con el asesoramiento de un prestigioso grupo de Expertos.

El Premio será otorgado a una obra que cumpla las condiciones y los objetivos establecidos en los párrafos anteriores y que se distinga por una combinación de cualidades como la excelencia y la autenticidad de su diseño, su carácter genuino e innovador, y una alta calidad en su ejecución constructiva.

1   La Fundación Mies van der Rohe creó el Premio Mies van der Rohe de Arquitectura Latinoamericana en 1998. El Premio será otorgado al autor o autores latinoamericanos* de una obra arquitectónica construida en el territorio de los siguientes países: Argentina, Bolivia, Brasil, Chile, Colombia, Costa Rica, Cuba, El Salvador, Ecuador, Guatemala, Honduras, México, Nicaragua, Panamá, Paraguay, Perú, República Dominicana, Uruguay y Venezuela.

Latin America comprises a wide range of different natural and cultural elements, both vernacular and standard, traditional and imported, all linked and structured by a common historical heritage. Contemporary architecture constitutes a faithful reflection of this situation, as well as a cultural asset that looks towards the future, accepting and fostering this essential multiplicity and its vast potential as a source of artistic creation.

The aim of the Award is to seek out and highlight original, innovative works that reflect this culture common to different countries whose knowledge of each other is often very limited, thereby showing concern for and sensitivity towards both the symbolic and educational aspects of their architecture. For the purposes of the Award, the conventional term "Latin American architecture" will be used, since it has the advantage of being the most all-encompassing way to refer to the territory comprising the countries south of Río Bravo and Cayo Hueso.

The Award consists of a single, biennial prize, organised by the Mies van der Rohe Foundation of Barcelona and bound by the rules set out below. The Award enjoys the support of the national architects' associations —in particular the Federación Panamericana de Asociaciones de Arquitectos (FPAA)— and is assessed by a panel of renowned Experts.

The Award will be granted to a work meeting the conditions and objectives described in the above paragraphs, and distinguished by a combination of qualities such as excellence and authenticity of design, a genuinely innovative character, and high-quality construction.

1   The Mies van der Rohe Foundation created the Mies van der Rohe Award for Latin American Architecture in 1998. The Award shall be granted to the Latin American* author or authors of an architectural work built in the territory comprising the following countries: Argentina, Bolivia, Brazil, Chile, Colombia, Costa Rica, Cuba, Dominican Republic, El Salvador, Ecuador, Guatemala, Honduras, Mexico, Nicaragua, Panama, Paraguay, Peru, Uruguay and Venezuela.

2 El Premio está abierto a todas las obras ubicadas en los países especificados en el apartado 1 y terminadas dentro del período correspondiente a los dos años posteriores a la convocatoria del premio anterior.

3 El Premio será otorgado bienalmente a la obra elegida por un Jurado compuesto por conocidos expertos en el ámbito de la profesión y la crítica arquitectónicas.
El Jurado será nombrado por la Fundación Mies van der Rohe, previa consulta con instituciones y estamentos culturales, académicos y profesionales de los países latinoamericanos. El Jurado se reunirá en dos sesiones, la segunda de las cuales tendrá carácter decisorio.

4 El Director de la Fundación Mies van der Rohe desempeñará las funciones de secretario del Jurado, sin derecho a voto.

5 Para la selección de candidaturas, se procederá del modo siguiente:
a) La Fundación Mies van der Rohe invitará, a través de la FPAA, a las distintas asociaciones nacionales de arquitectos de los países participantes, a presentar propuestas en las que concurran alguno de los siguientes supuestos:
a.1 Que sean obras de arquitectos latinoamericanos realizadas dentro de sus propias demarcaciones.
a.2 Que sean obras de sus propios afiliados, construidas en el ámbito territorial del Premio que se especifica en el apartado 1.
Cada asociación nacional de arquitectos que forme parte de la FPAA podrá proponer un número de obras candidatas que será, como máximo, el número de votos que esa asociación detente en la Asamblea General de la Federación. El máximo número de obras que cada Asociación podrá indicar es el siguiente:
Dos (2) obras: Costa Rica, Cuba, Ecuador, El Salvador, Guatemala, Honduras, Nicaragua, Panamá, Paraguay y República Dominicana.
Tres (3) obras: Bolivia, Chile, Perú, Uruguay y Venezuela.
Cuatro (4) obras: Argentina y Colombia.
Seis (6) obras: Brasil y México.

2 The Award is open to all works built in any of the countries listed above and completed in the two-year period subsequent to the convening of the previous Award.

3 The Award will be granted every two years to the work selected by a Jury, whose members will be renowned Experts in the fields of architecture and architectural criticism.
The Mies van der Rohe Foundation will appoint the Jury after consultation with cultural, academic, and professional institutions and bodies in the Latin American countries. The Jury will meet in two sessions, at the second of which they will give their final verdict.

4 The Director of the Mies van der Rohe Foundation will perform the duties of secretary, without the right to vote.

5 Candidates will be selected as follows:
a) Through the FPAA, the Mies van der Rohe Foundation will invite the national architects' associations of the participating countries to present projects that comply with one of the following requirements:
a.1 That they be works by Latin American architects built in their own demarcations.
a.2 That they be works by their own affiliates, built in the territory specified in section 1 above.
Each national architects' association forming part of the FPAA will be entitled to propose a number of entries not greater than the number of votes to which the association is entitled at the General Assembly of the Federation. The maximum number of works that each association may put forward is the following:
Two (2) works: Costa Rica, Cuba, Dominican Republic, Ecuador, El Salvador, Guatemala, Honduras, Nicaragua, Panama and Paraguay.
Three (3) works: Bolivia, Chile, Peru, Uruguay and Venezuela.
Four (4) works: Argentina and Colombia.
Six (6) works: Brazil and Mexico.

b) La Fundación Mies van der Rohe seleccionará un grupo de Expertos que estará compuesto por un amplio número de especialistas latinoamericanos de reconocido prestigio, cada uno de los cuales deberá proponer un máximo de cinco (5) obras realizadas en el conjunto de los países incluidos dentro del marco territorial del Premio.
Ni los representantes de las asociaciones nacionales de arquitectos ni los Expertos podrán proponer como candidatas sus propias obras ni las realizadas por los miembros del Jurado.
Todas las propuestas deberán ir acompañadas por una presentación y, siempre que sea posible, por documentación relativa a la obra candidata.
La lista de candidaturas sometida a la consideración del Jurado será el resultado conjunto de las propuestas de las asociaciones nacionales de arquitectos y del grupo de Expertos.

6 A los autores de las obras propuestas se les pedirá que presenten una completa documentación, compuesta por los siguientes elementos:
6.1 Copias fotográficas de un juego completo de los planos de la obra, o bien fotocopias de calidad acompañadas por un disquete, y fotocopias de calidad de los croquis iniciales; todo ello en formato DIN A4 ó 18 x 24 cm.
6.2 Diapositivas de un juego completo de los planos y croquis iniciales en formato 24 x36 mm.
6.3 Diapositivas en color (en formato 24 x 36 mm) y transparencias en color (de calidad publicable, en formato 6 x 6 cm o mayor) de la obra terminada. Estos dos juegos deben incluir vistas del interior, del exterior y de detalles, pero no es necesario que ambos sean idénticos.
6.4 Fotografías en blanco y negro o en color de la obra terminada en formato DIN A4 ó 18 x 24 cm. Este juego de fotografías debe incluir vistas del interior, del exterior, de detalles y de la maqueta, pero no es necesario que sea idéntico al de las diapositivas o transparencias mencionadas antes.
6.5 Una memoria o texto descriptivo.
6.6 El currículum actualizado del arquitecto o de los arquitectos, en su caso.
Todos estos documentos pasarán a ser propiedad de la Fundación Mies van der Rohe y serán incorporados a sus archivos permanentes. La Fundación tendrá el derecho de publicar y difundir estos documentos con fines culturales.

b) The Mies van der Rohe Foundation will select a panel of Experts consisting of a wide number of Latin American specialists of recognised prestige, each one of which must propose a maximum of five (5) works built in the countries stipulated above.
Neither the representatives of the national architects' associations nor the Experts may propose their own works or works by Jury members.
All proposals must be accompanied by a written presentation and, wherever possible, documentation relative to the work in question.
The list of entries submitted for consideration by the Jury will be the combined result of proposals by the national architects' associations and the panel of Experts.

6 The authors of the proposed works will be required to submit complete documentation, consisting of the following elements:
6.1 Photographic copies of a complete set of plans of the work, or else quality photocopies accompanied by a diskette, and quality photocopies of the initial sketches, all in DIN A4 or 18 x 24 cm format.
6.2 Slides of a complete set of the plans and initial sketches in 24 x 36 mm format.
6.3 24 x 36 mm colour slides and 6 x 6 cm or larger publishable colour transparencies of the finished work. These two sets must include views of the interior, of the exterior, and details, although they need not both be identical.
6.4 DIN A4 or 18 x 24 cm black-and-white or colour photographs of the finished work. This set of photographs must include views of the interior, of the exterior, of details, and of the scale model, although it need not be identical to the sets of slides or transparencies mentioned above.
6.5 An architectural report or descriptive text.
6.6 The updated curriculum vitae of the architect or architects.
All these documents will become the property of the Mies van der Rohe Foundation and form part of its permanent archives. The Foundation will be entitled to publish and disseminate these documents for cultural purposes.

7 En la primera sesión, y una vez examinadas las propuestas y la documentación correspondiente, el Jurado establecerá la lista definitiva de obras candidatas.
A continuación, tras el pertinente análisis de la información relativa a cada una de las obras candidatas y el subsiguiente debate, el Jurado establecerá una lista reducida de obras finalistas, en una de las cuales recaerá el Premio.
El Jurado visitará las obras declaradas finalistas. En la segunda sesión, el Jurado elegirá la obra ganadora por mayoría absoluta.

8 El Premio no podrá ser declarado desierto. Se concederá un premio único e indivisible en cada convocatoria. La aceptación del Premio implica la previa conformidad con estas bases.

9 El Premio —que consiste en la cantidad de 50.000 euros y una escultura que evoca el Pabellón Mies van der Rohe de Barcelona— se entregará en una ceremonia solemne.

10 Con el fin de asegurar el cumplimiento de los objetivos generales del Premio y ante una situación no prevista en las cláusulas que anteceden, el Jurado —previa consulta a la institución titular y con el consentimiento de ésta— podrá proceder a precisar o interpretar estas bases si ello resultase necesario para su correcta aplicación.

* Se entiende por autor latinoamericano, a efectos de la aplicación de estas bases, todo autor de una obra arquitectónica que sea natural de alguno de los países arriba indicados (apartado 1) o, en caso de no serlo, cuya residencia habitual, establecimiento en relación a su ejercicio profesional y obra significativa, acumulativamente considerados, se hallen en uno o varios de tales países.

7 At the first session, once the entries and their corresponding documentation have been duly examined, the Jury will determine the definitive list of candidate works.
Next, after analysis of the information relating to each of the candidate works and subsequent debate, the Jury will decide on a list of finalists, one of which will be granted the Award.
The Jury will visit the finalist works and, at the second session, select the winning entry by absolute majority.

8 The Award may not be left pending. A single, indivisible Award will be granted for each two-year period. Acceptance of the Award implies conformity with these rules.

9 The Award —which consists of the sum of 50,000 euros and a sculpture evoking the Mies van der Rohe Pavilion in Barcelona— will be presented to the winner(s) at a formal ceremony.

10 In order to ensure compliance with the objectives of the Award, and in situations unforeseen in the above clauses, the Jury —after consulting and securing the approval of the Foundation— may amend or reinterpret these regulations to ensure that they are correctly applied.

* For the purposes of these rules, by Latin American author we understand the author of an architectural work either born in one of the countries listed in section 1 above, or who lives and works in one or more of the above countries.

ACTA DEL JURADO
ACT OF THE JURY

El jurado del segundo premio Mies van der Rohe de Arquitectura Latinoamericana se ha reunido en São Paulo, el dia 29 de junio de 2000 en la sala de reuniones del Museo de Arte de São Paulo.

Asisten a la reunión, su presidente el arquitecto D. Ricardo Legorreta, así como sus miembros los arquitectos Dña. Silvia Arango, D. Enrique Browne, D. João Luís Carrilho da Graça, D. Dominique Perrault, D. Hugo Segawa, C. Jorge Silvetti, D. Ignasi de Solà-Morales, así como D. Lluís Hortet, director de la Fundación Mies van der Rohe, que actúa como secretario.

El jurado ha visitado entre los días 24 y 29 de junio las 6 obras finalistas que se mencionarán a continuación. Estas obras fueron objeto de selección como finalistas en la reunión previa celebrada en Barcelona los días 8 y 9 de abril en que el jurado examinó la documentación de un total de 109 obras presentadas por un grupo de 31 expertos y por las distintas asociaciones nacionales de arquitectos. El presidente abrió la sesión pidiendo a don Lluís Hortet, un comentario sobre el alcance de las bases del premio, para recordar los criterios que deberán presidir las decisiones del jurado.

A continuación el presidente solicitó a todos los miembros del jurado una exposición valorativa de cada uno de los edificios finalistas visitados, produciéndose a continuación un amplio intercambio de opiniones en relación a los mismos. Después de este proceso el presidente invitó a los miembros de jurado a pronunciarse sobre el edificio acreedor al premio, decidiéndose por unanimidad concederlo a la restauración, reforma y adaptación del Edificio de la Pinacoteca del Estado de São Paulo, obra de los arquitectos Paulo Mendes da Rocha, Eduardo Argenton Colonelli y Weliton Ricoy Torres.

El jurado valora la importancia de una reutilización de un edificio histórico en el centro de la ciudad con una profunda atención al patrimonio cultural y al significado contemporáneo de su uso museográfico. Considera especialmente relevante la inteligente reorganización de los espacios interiores, con una atractiva incorporación de los antiguos patios gracias a un elegante sistema de cubierta transparente, así mismo la riqueza espacial de los distintos ámbitos del edificio histórico ahora reorganizados en un conjunto de espacios conectados. El jurado ha considerado también muy positivas la economía de recursos utilizados en los techos, suelos y acabados de muros, así como la respetuosa conversión del edificio existente en un edificio plenamente contemporáneo. También desea que la mayor conexión prevista entre el edificio y los espacios públicos del entorno se lleve a cabo para el enriquecimiento de esta área de la ciudad y recomienda el mayor esfuerzo en la calidad de la instalación museográfica.

Por otra parte, el jurado desea hacer pública su valoración positiva del conjunto de los 11 edificios seleccionados y de los 6 edificios finalistas visitados, como demostración de la genuina vitalidad de la arquitectura latinoamericana.

The jury of the II Mies van der Rohe Award for Latin American Architecture met in São Paulo on 29 June 2000 at the conference room of the Art Museum of São Paulo. Attending the meeting were the chairman, architect Ricardo Legorreta, and jury members, architects Silvia Arango, Enrique Browne, João Luís Carrilho da Graça, Dominique Perrault, Hugo Segawa, Jorge Silvetti, Ignasi de Solà-Morales, and Lluís Hortet, director of the Mies van der Rohe Foundation, acting as secretary.

Between June 24 and 29 the jury visited the 6 finalist works listed below. These works were selected as finalists at the previous meeting held in Barcelona on April 8 and 9, during which the jury examined the documentation of a total of 109 works presented by a panel of 31 experts and by the different national architects' associations of Latin America. The chairman opened the meeting by asking Lluís Hortet to comment on the scope of the award rules to remind the jury members of the criteria that must govern their decisions.

Next the chairman asked all the jury members to give an assessment of each of the finalist entries, which was followed by an extensive exchange of opinions about their respective merits. After the discussion, the chairman invited the jury members to decide upon the winner. It was unanimously agreed that the award should go to the restoration, refurbishment and adaptation of the São Paulo State Picture Library Building by architects Paulo Mendes da Rocha, Eduardo Argenton Colonelli and Weliton Ricoy Torres.

The jury laid special emphasis on the importance of the refurbishment of a historical building in the centre of the city in which particular attention was paid to its cultural value and the contemporary significance of its use as a museum. The intelligent reorganisation of interiors, into which the original patios had been attractively incorporated thanks to an elegant transparent roofing system, and the enhanced spatial richness of the different environments in the historical building, now rearranged into a complex of interconnected spaces, were regarded as especially positive aspects of the project. The jury was also impressed by the economic use of resources for ceilings, floors and wall finishes, as well as the respectful way in which the original historical building had been converted into a fully contemporary one. It was hoped that the anticipated increased integration of the building into the surrounding public spaces would enrich this area of the city and that every effort would be made to ensure the highest possible quality of the museum installations.

The jury expressed their desire to make it public that they regarded the 11 selected works and the 6 finalistes buildings that were subsequently visited, as evidence of the genuine vitality of Latin American architecture.

En relación al Edificio de Posgrados de la Facultad de Ciencias Humanas de la Universidad Nacional Sede de Posgrados, en Bogotá, Colombia, obra del arquitecto Rogelio Salmona, el jurado quiere destacar la seguridad en la definición de los distintos espacios que configuran el programa, la atenta definición del juego de luces y sombras y las posibilidades de utilización compleja que el edificio ofrece a la vida universitaria. Una vez más el arquitecto pone de manifiesto su reconocido talento en el uso de los materiales.

En cuanto a la Casa en Playa Bonita, en Lima, Perú, de la arquitecta Alexia León Angell, el jurado ha valorado especialmente la sobria capacidad por resolver un pequeño espacio de vivienda en un contexto convencional de residencia de vacaciones. El equilibrio entre sobriedad en la definición de los espacios y riqueza en las relaciones, ha sido entendida por el jurado como uno de los logros principales.

Por lo que se refiere a la Casa Reutter, en Cachagua, Chile, obra del arquitecto Mathias Klotz, el jurado ha visto en ella una atractiva propuesta de relación entre la casa y el paisaje y una cuidadosa definición de las formas y los detalles tanto del interior como del exterior, com un enriquecimiento de los materiales utilizados.

De la visita al Edificio Manantiales, en Santiago de Chile, obra de los arquitectos Luis Izquierdo, Antonia Lehmann, José D. Peñafiel y Raimundo Lira, el jurado valora la inteligente respuesta a un programa convencional, a un encargo comercial y a un entorno urbano presionado por normativas e intereses claramente especulativos. La cuidada resolución tectónica del edificio constituye un argumento principal en un proyecto atento tanto a los problemas de definición volumétrica general como a los detalles.

En relación al Complejo Vacacional del Sindicato de Trabajadores de la Administración Nacional de Electricidad en Ytú, Caacupé, Paraguay, de los arquitectos José Luis Ayala, Alberto Marinoni y Solano Benítez, el jurado ha valorado el esfuerzo paisajístico, la utilización de recursos técnicos muy económicos y la búsqueda de un equilibrio entre los valores naturales de la zona y la transformación de los mismos en área recreacional.

Al dar a conocer este veredicto, el jurado agradece la labor de los expertos y de las asociaciones nacionales miembros de la Federación Panamericana de Asociaciones de Arquitectos queriendo dejar constancia de la importancia decisiva de su trabajo y de la necesidad que, en el futuro, la fase de información y selección pueda seguir haciéndose con la máxima amplitud posible, para así poder mejorar el cumplimiento de los objetivos de calidad, pluralidad y acerbo histórico común que el premio reconoce como característica del espacio latinoamericano en el que el premio se adjudica.

São Paulo, 29 de junio de 2000

The jury emphasised the self-assured definition of the different spaces that comprise the Postgraduate Building for the Faculty of Human Sciences of the Universidad Nacional in Bogotá, Colombia, the work of Rogelio Salmona. Other positive aspects are the sensitive interplay of light and shadow and the building's multiple use potential in university life. Furthermore, the architect had reaffirmed his acknowledged talent in the use of materials.

The jury considered the principal merit of Alexia León Angell's house on Playa Bonita, Lima, Peru, to be the balance between sobriety in the definition of spaces and the wealth of relationships in a conventional holiday residence programme.

The Reutter House in Cachagua, Chile, by Mathias Klotz, was seen to have established attractive relationships between the house and the surrounding landscape. The painstaking definition of forms and details, both inside and out, enhanced the quality of the materials employed.

On its visit to the Manantiales Building in Santiago de Chile, the work of Luis Izquierdo, Antonia Lehmann, José D. Peñafiel and Raimundo Lira, the jury was impressed by the intelligent response to a conventional, commercial brief and to an urban context that had clearly been the victim of speculation. The result of the architects' careful attention to problems of general volumetric definition and details is the high tectonic quality of the building.

In the case of the Holiday Complex for the *Administración Nacional de Electricidad* Trades Union in Ytú, Caacupé, Paraguay, by José Luis Ayala, Alberto Marinoni and Solano Benítez, the jury acknowledged the project's high landscaping qualities, the use of very economical technical resources and the pursuit of balance between the local natural values and their transformation into a recreational area.

Having given their verdict, the jury thanked the experts and the national architects' associations, members of the Federación Panamericana de Asociaciones de Arquitectos, for their crucially important work and expressed the hope that in future editions the informative and selection phase would continue to be conducted in as far-reaching a way as possible to meet the objectives of quality, plurality and common historical heritage that the award recognises as characteristic of the Latin American architectural context.

São Paulo, 29 June 2000

ROMPECABEZAS LATINOAMERICANO
THE LATIN AMERICAN JIGSAW PUZZLE

Hugo Segawa

El sábado de primavera que nos reunimos por primera vez el jurado del Premio Mies van der Rohe de Arquitectura Latinoamericana en Barcelona, el cuaderno cultural de un prestigioso periódico traía una entrevista con Peter Smithson. Entre otros temas, el británico incidió en la cuestión de la ética en la arquitectura y criticó a un arquitecto español por su posición esteticista. Pensé cuál sería el impacto que hoy día provocaría una declaración semejante, surgiendo de un personaje que estuvo en el ápice de los debates arquitectónicos entre los años 1950-1960. La declaración breve aunque firme del veterano Smithson me sensibilizó más que el considerable esfuerzo mediático de la Bienal de Venecia y su debate *Città: Less Aesthetics, More Ethics* abierto meses después. Las declaraciones de Smithson no fueron fortuitas, sino unos principios que diferenciaron las posiciones de la pareja, y todavía parecen firmes en el arquitecto inglés, a pesar de los viejos y los nuevos tiempos. Esa firmeza de principios no dejó de inquietarme los días que nos reunimos para examinar esas 109 obras seleccionadas para el concurso; en realidad, un rompecabezas en 109 partes de Latinoamérica.
El tema recurrente a mitad del paso del año 1999 al 2000 fue el fin del milenio y las perspectivas del siglo XXI. La arquitectura y las ciudades no escaparon de la enardecida excitación de las efemérides, no sólo en su vertiente futuróloga sino también en la de las arquitecturas conmemorativas como, por ejemplo, las construcciones temáticas que se erigieron en Londres o Hannover. Poco vi de este aspecto lúdico en Latinoamérica, sobre todo en el ámbito de la arquitectura de las ciudades —es evidente que poco hay que celebrar en este subcontinente— y pienso si esa celebración general no es más que una espectacular ficción mediática.
Lo que no es ficción en ningún caso es que, al lado de la revolución telemática, hay pueblos que viven en condiciones medievales. La cultura del espectáculo transforma las ciudades, pero las megaciudades del siglo se están deteriorando de forma espectacular. Mientras que determinadas partes del mundo ya no dependen de viviendas a cualquier precio para alojar su población, hay pueblos que pagan un precio elevado por la destrucción del medio ambiente. En los últimos diez años, los Balcanes sufrieron los episodios más sangrientos que se han registrado en el siglo XX. Tengo la sensación de importunar con estas evocaciones, pero sin duda hay que enmarcar estas paradojas en el territorio latinoamericano. En este universo se sitúa el rompecabezas o

On the same Saturday in spring that the jury of the Mies van der Rohe Award for Latin American Architecture met for the first time, the cultural section of a prestigious journal published an interview with Peter Smithson. Among the topics the Englishman brought up was the issue of ethics in architecture, and he criticised a Spanish architect for his aestheticist stance. This made me wonder what impact a similar declaration would make today from a figure prominent in the architectural debate of the 50s and 60s. The brief, though forceful, assertion by the veteran Smithson impressed me far more than the media tour-de-force of the Venice Biennial —and its subject of debate *Città: Less Aesthetics, More Ethics*, which opened some months later. Far from made purely for the occasion, Smithson's declarations were a statement of the principles that had defined and differentiated the couple's stance. Indeed, and despite the changing times, the English architect still seems to abide by those same principles today. This loyalty to principles prayed constantly on my mind as we met to examine those 109 works selected for the competition; in actual fact, a jigsaw puzzle consisting of 109 different pieces of Latin America.
The recurrent theme as the transition from 1999 to 2000 approached was the end of the millennium and the prospects for the 21st century. Neither architecture nor cities could resist the frenzied enthusiasm for such a celebration, not only its futurological aspects but also those of commemorative architecture, such as the thematic buildings erected in London or Hanover. I saw little of this ludic aspect in Latin America, least of all in city architecture —clearly, there is little to celebrate on this sub-continent— and I cannot help wondering whether this global celebration is nothing more than a spectacular media fiction.
Certainly not fictitious is the fact that despite the telematic revolution, some people continue to live in medieval conditions. The culture of spectacle transforms cities, but the century's mega-cities are undergoing spectacular deterioration. While certain countries no longer depend on housing at any price to accommodate their population, there are peoples who pay a high price for the destruction of the environment. Over the last ten years, the Balkans have been the scene of two of the 20th century's bloodiest episodes. It might be tedious of me to evoke this

puzzle latinoamericano, que no sólo es una entropía intralatinoamericana.
El joven Claude Lévi-Strauss, en *Tristes Trópicos*, escribía que "un espíritu maligno definió América como una tierra que pasó de la barbarie a la decadencia sin conocer la civilización. Se podría aplicar esta fórmula más concretamente a las ciudades del Nuevo Mundo: pasan del vicio a la decrepitud sin detenerse en la edad avanzada". La exuberancia tropical, la fuerza de la naturaleza americana, la anarquía, el primitivismo y el multiculturalismo son otros estereotipos clásicos que confunden más que esclarecen mentalidades categorizadoras como la europea o la japonesa, y la norteamericana en cierto modo. En este contexto podemos emplazar las indignadas observaciones de Max Bill en los años 1950 contra la arquitectura brasileña o las de Bruno Zevi, hostil a la arquitectura mexicana. Arquitecturas que, absorbidas por la estética del International Style, de Le Corbusier o de Frank Lloyd Wright, fueron deslustradas con las interpretaciones de los latinoamericanos. No bastaron las reprimendas para que aquellos arquitectos todavía tuvieran la osadía de sintetizar otros maestros, como Mies, Aalto o Kahn, sin constituir necesariamente simulacros y sin desprenderse de valores iberoamericanos, ni de la dualidad entre un universo formal (culto, cosmopolita) e informal (popular, desenfadado). La fusión de estos dos mundos es un desafío de fuerte impacto social, y forma parte de los desafíos que la modernidad latinoamericana intentó hacer frente. No sé del cierto en qué medida el pensamiento arquitectónico no latinoamericano está actualmente interesado en el contenido de esta naturaleza, un tema vigente en los debates mundiales de segunda posguerra mundial y considerado como *démodé* en los años 1990. La realidad latinoamericana se caracteriza por el cambio constante; a pesar de ello, o por este motivo, ésta no ofrece comportamientos hedonistas por mucho tiempo.
Por consiguiente, no creo que el 2o Premio Mies van der Rohe de Arquitectura Latinoamericana se limite a las 17 obras del presente catálogo. Afortunadamente, la Fundación que lo promueve entiende que todo el conjunto llevado a concurso (y su documentación respectiva) configura un retrato de las manifestaciones arquitectónicas de un tiempo y de un lugar (o lugares) y así tratará y conservará ese importante caudal en sus archivos. En mi opinión, hay obras de gran significado aparte de las que se publican aquí y que ostentan una inmanencia en lo que se refiere

circumstance here, but it would be too obvious to situate these paradoxes in Latin American terrain. This universe is the setting for the Latin American puzzle, which is not merely an intra-Latin American entropy.
The young Claude Lévi-Strauss, in *Tristes Tropiques*, wrote that "a malign spirit defined America as a land that made the transition from barbarism to decadence without knowing civilisation. This formula might be applied more specifically to the cities of the New World: they made the transition from vice to decrepitude without stopping at old age". Tropical exuberance, the force of American nature, anarchy, primitivism and multi-culturalism are classic stereotypes that confuse rather than enlighten classifying minds like the European, the Japanese and, to an extent, the North American. In this context we might place Max Bill's indignantly negative observations on Brazilian architecture in the 50s, or those of Bruno Zevi, hostile to Mexican architecture. Forms of architecture that, absorbed by the aesthetics of the International Style, of Le Corbusier or of Frank Lloyd Wright, were tarnished by the interpretations of Latin Americans. Such reprimands, however, did not suffice to prevent those architects from continuing to dare synthesise other masters, like Mies, Aalto or Kahn, without necessarily constituting simulacra and without detaching themselves from Latin American values or from the duality between a formal (refined, cosmopolitan) universe and an informal (vernacular, unconstrained) one. The fusion of these two worlds is a challenge of strong social impact, one of the challenges that Latin American modernity attempted to meet. I am not entirely sure how far non-Latin American architectural thought is still interested in themes of this kind, which prevailed in international debates after World War II but became regarded as *démodé* in the 90s. The reality of Latin America is characterised by constant change; and despite this, or perhaps for this very reason, it does not present hedonistic modes of behaviour for very long.
For this reason, I do not consider it possible to restrict the 2nd Mies van der Rohe Award for Latin American Architecture to the 17 featured in this catalogue. Fortunately, the organising Foundation understands that all the entries (and their corresponding documentation) together constitute a portrait of the architectural output of a time and place (or places), and that this treasure will be treated and

a existencia latinoamericana –de discernimiento delicado o difícil– y también una trascendencia –que todavía exige una mejor codificación. Pero la selección final es una decisión colectiva y, como miembro de este jurado, respondo también por lo que se presenta.

Evidentemente no hay manera de aislar Latinoamérica de los procesos de transculturización, que forma parte de una caminada intrínseca hacia la propia formación del subcontinente. Hoy día se habla de la globalización como una "versión" inevitable de ese proceso. Pero su apología –supuestamente una integración de los valores y beneficios de la "civilización" desarrollada en regiones necesitadas y periféricas– por el momento no explica por qué lo mejor de la arquitectura internacional todavía no desembarcó en el subcontinente y por qué predomina en la Latinoamérica globalizada una mediocre arquitectura empresarial de sabor cosmopolita, como consecuencia de la abertura neoliberal. Con el abuso de invocaciones del género "resistencia cultural", "regionalismo crítico" o "modernidad apropiada" vigentes en los años 1970-1980, la globalización se impone como una provocación a las distintas obras arquitectónicas en Latinoamérica. Se pueden señalar corrientes (cabe resaltar que no son unitarias) que caracterizarían de forma esquemática un cuadro. Las obras que privilegian el refinamiento tecnológico y un purismo formal responden a las tendencias que en Europa defienden posiciones de autonomía de la arquitectura y del arte de construir. Representantes de esta línea son el galardonado de la primera edición, el mexicano Enrique Norten, o un finalista de las dos convocatorias, el chileno Mathias Klotz. En otro lado se sitúa el vencedor de la segunda convocatoria, el brasileño Paulo Mendes da Rocha, o bien otro finalista reincidente, el colombiano Rogelio Salmona. Ambos se expresan con discursos que se pueden incluir en lo que se calificó anteriormente de actitudes de resistencia, de afirmación de la identidad cultural, de consciencia sobre la cultura local y latinoamericana. Sin embargo, aunque puede establecerse una conexión entre Mendes da Rocha y Salmona en este aspecto, ambos manifiestan conceptos opuestos en la arquitectura que producen: el primero tiene una visión social y ética heredada del discurso moderno brasileño y una reflexión sobre la naturaleza, los materiales (el hormigón, el acero) y la construcción no exenta de propuestas ideológicas; el segundo

preserved as such in its archives. In my opinion, there are works of great significance apart from those published here, which reveal an immanence as Latin American existence –delicate or difficult to discern– as well as a transcendence –which still requires greater codification. Even so, the final selection was a collective decision and, as a member of the jury, I accept my part of the responsibility.

Of course, it is impossible to separate Latin America from phenomena of cross-culturalisation, which formed an intrinsic part of the formative process of the sub-continent. Today talk is heard of globalisation as an inevitable "version" of this process. But for the moment the apologists of globalisation –supposedly an integration of the values and benefits of developed "civilisation" in needy, peripheral regions– have not explained why the best of international architecture has still to disembark in the sub-continent, and why in globalised Latin America mediocre corporate architecture that smacks of cosmopolitanism predominates as a consequence of the spread of neo-liberalism. With abusive of invocations of "cultural resistance", "critical regionalism" and "appropriate modernity", which were in vogue in the 70s and 80s, globalisation has been imposed as a provocation of the different architectural performances in Latin America. It is possible to pinpoint strands (non-unitary, I must stress) that together sketch a tableau. Works that give precedence to technological refinement and formal purism respond to trends that in Europe champion the autonomy of architecture and of the art of building. Representatives of this strand would be the winner of the first edition, the Mexican Enrique Norten, or a finalist at both editions, the Chilean Mathias Klotz. On the other side one might place the winner of this edition, the Brazilian Paulo Mendes da Rocha, or another finalist at both editions, the Colombian Rogelio Salmona. Both express themselves through discourses that may be included in what have been described as attitudes of resistance, of assertion of cultural identity, of awareness of local and Latin American culture. However, though in this context a link might be established between Mendes da Rocha and Salmona, the architecture they produce denotes opposing concepts: the first has a social, ethical vision, the legacy of the modern Brazilian discourse and of reflection on nature, materials (concrete and steel) and construction not exempt from ideological positions; the second is fully

tiene la plena sensibilidad de la vida colombiana, con sus espacios y luminosidades, con la elaboración también ideológica basada en el ladrillo como apropiación y representación de la sabiduría artesanal y del realismo mágico del Gabriel García Márquez de la plancheta. Jóvenes como Norten, Klotz y aún podemos añadir arquitectos de la misma generación como los mexicanos Alberto Kalach o Isaac Broid, tienen en común una empatía que abre caminos y que no resbala en tradiciones como es el caso de los veteranos Mendes da Rocha, Salmona y también del mexicano Ricardo Legorreta. No quiero crear un conflicto de generaciones, incluso porque entre ellos hay grupos intermedios que apenas comparten las posiciones citadas. Pero si se radicalizan las posiciones, entraremos en un callejón sin salida. El purismo tecnológico se puede transfigurar en un positivismo tecnológico. Por el contrario, la exacerbación de la identidad y del nacionalismo podría conducir a una entorpecedora parálisis. Son (im)posiciones que pueden borrar las diferencias: el formidable rompecabezas latinoamericano. De ahí la evocación de Smithson, o más bien, de la esencia de su declaración: los principios como norma, que transcienden las modas, son una mirada ética sobre la realidad concreta latinoamericana.

São Paulo, septiembre de 2000

sensitive to Colombian life, with its spaces and luminosity, and his projects make ideological use of brick as the appropriation and representation of the wisdom of craftsmen and of Gabriel García Márquez's magic realism. Youngsters such as Norten, Klotz and even other architects of the same generation like the Mexicans Alberto Kalach or Isaac Broid share the common denominator of an empathy that opens new paths and does not slip back into traditions, as in the cases of the veterans Mendes da Rocha, Salmona and the Mexican Ricardo Legorreta. It is not my intention to create a conflict of generations, particularly when intermediate groups exist that only very partially subscribe to the abovementioned stances. And if positions become radicalised, we shall enter a cul-de-sac. Technological purism may become transfigured into technological positivism. At the opposite extreme, exacerbation of identity and nationalism might lead to a benumbing paralysis. They are (im)positions that may erase differences: the formidable Latin American jigsaw puzzle. Hence the reference to Smithson, or rather, to the essence of his declaration: principles as a norm, which transcend fashions, constitute an ethical look at the specific reality of Latin America.

São Paulo, September 2000

OBRAS
WORKS

RESTAURACIÓN, REFORMA Y ADAPTACIÓN DEL EDIFICIO DE LA PINACOTECA DEL ESTADO DE SÃO PAULO

RESTORATION, REFURBISHMENT AND ADAPTATION OF THE SÃO PAULO STATE PICTURE LIBRARY BUILDING

São Paulo, Brasil

PAULO MENDES DA ROCHA
1928 Nacido en · Born in Puerto de Vitória, Brasil
1954 Titulado en arquitectura y urbanismo · Diploma in architecture and urbanism, Universidade Mackenzie, São Paulo
1961-98 Profesor · Professor, Universidade de São Paulo (FAU-USP)

PRINCIPALES CONCURSOS
MAJOR COMPETITIONS
1969 1er premio · 1st prize, Pabellón de Brasil, Expo 70, Osaka, Japón · Japan
1971 Proyecto seleccionado, concurso internacional · Selected project, international competition: Museo y biblioteca · Museum and library, París

Paulo Mendes da Rocha, Eduardo Argenton Colonelli, Weliton Ricoy Torres

Cliente · Client: PINACOTECA DO ESTADO/SECRETARÍA DA CULTURA DO ESTADO DE SÃO PAULO Colaboradores · Collaborators: ANA PAULA GONÇALVES PONTES, CRISTINA MARCHI MACEDO, MIGUEL LACOMBE DE GOES, ADRIANA CUSTÓDIO DIAS, ANDRÉA FERRETI MONCAU, CARLA CRISTINA PALLI, CELSO NAKAMURA, ELOISE SCALISE, MARINA GRINOVER, SILVIO OKSMAN Proyectista · Projectist: JOSÉ EDUARDO SILVA, PAULO AUGUSTO DE MATTOS Constructoras · Construction companies: 1993-94 RBS CONSTRUÇÕES; 1996-98 CONSTRUCTORA MARTUR Estructuras · Structures: JORGE ZAVEN KURKDJIAN, WALDIR CARLOS POMPONIO Instalaciones · Installations: PEM ENGEN Aire acondicionado · Air conditioning: THERMOPLAN ENGENHARIA TÉRMICA Iluminación · Lighting: PIERO CASTIGLIONI Acústica · Acustic MILTON GRANADO Paisagismo · Landscape RAQUEL FABBRI RAMOS Conservación · Conservation: LUIS A.C. SOUZA Cocina · Kitchen: PRECX CONSULTORIA EM ALIMENTAÇÃO

PREMIOS Y DISTINCIONES
PRIZES AND DISTINCTIONS
1961 Gran Premio · Grand Prize Presidente de la República: Gimnasio cubierto Club Atlético Paulista · Paulista Club Gymnasium, VI Bienal de São Paulo
1995 Gran Premio Latinoamericano: Museo Brasileño de Escultura · Brazilian Museum of Sculpture, X Bienal de Santiago de Chile
1998 Premio: Ministerio de Cultura, Brasília
1998 Premio trayectoria profesional · Prize for professional acheivements Exequo, I Bienal Iberoamericana de Arquitectura e Engenieria Civil, Madrid: por el conjunto de la obra · for body of work
1998 Finalista · Finalist: Museo Brasileño de Escultura, 1er premio Mies van der Rohe de Arquitectura Latinoamericana
1999 Premio, Vitruvio 99 Arquitectura Latinoamericana, MNBA, B/A: por el conjunto de la obra · for body of work

OBRAS PRINCIPALES · MAJOR WORKS
1961 Gimnasio cubierto, Club Atlético Paulista, São Paulo
1970 Sede de Joquei, Clube de Goiás, Brasil (con · with J.E. de Gennaro)
1975 Estadio · Stadium, Serra Dourada, Goiânia, Brasil
1994 Loja Forma—Móveis e Objetos de Arte, São Paulo
1995 Museo Brasileño de Escultura, São Paulo

1985 Estudio Ricoy Torres y Colonelli establecido en · established in São Paulo

EDUARDO ARGENTON COLONELLI
1951 Nacido en · Born in São Paulo
1978 Titulado en arquitectura y urbanismo · Diploma in architecture and urbanism, FAU-USP, São Paulo
Desde · Since 1998 Profesor · Professor, Fundação Armando Álvares Penteado, São Paulo

WELITON RICOY TORRES
1949 Nacido en · Born in Belo Horizonte, Brasil
1975 Titulado en arquitectura y urbanismo · Diploma in architecture and urbanism, Faculdade de Arquitetura de Santos, Brasil
1984 Administrador de empresas · Company administrator, Fundação Getúlio Vargas, São Paulo

PRINCIPALES CONCURSOS
MAJOR COMPETITIONS
1998 Proyecto mencionado · Project mention, Plan director: Restauración y ampliación · Restauration and ampliation, Faculdade de Medicina, USP

OBRAS PRINCIPALES · MAJOR WORKS
1992 Centro administrativo · Administrative centre Ciba Geigy · Novartis, São Paulo
1994 Restauración y ampliación, Escola José Inocêncio da Costa, Matão, Brasil
1997 Conjunto habitacional · Habitacional complex, IV Centenário, São Paulo
1999 Sede do Ministerio Público do Estado de São Paulo, São Paulo

Consideraciones sobre el proyecto

El acontecimiento más extraordinario de toda esta empresa está centralizado en la idea de construcción de la ciudad, como acción urgente en el continente americano, desde sus orígenes. Arquitectura y Geografía. Sobre todo, porque este trabajo se desarrolla sobre un edificio, donde el padrón de representación del proyecto del arquitecto Ramos de Azevedo surge apoyado en la tradición y en los cánones de la arquitectura neoclásica.

Desde esa época —finales del siglo XIX e inicio del siglo XX— entre nosotros, un sentido crítico, perteneciente al pensamiento de los tiempos modernos, antepone a este tipo de construcción una responsabilidad: la mirada inexorable sobre el espacio de la ciudad americana, delante de la naturaleza y de las transformaciones sociales, solicitada por el mundo industrial que surge de la técnica y de la ciencia.

La América de las navegaciones, encontrada como comprobación de la forma de la tierra, surge, para el hombre, como la inauguración de la consciencia de su presencia en el universo y de la esperanza en la invención y en la transformación, promovidas por la modernidad. En la labor del edificio de la Pinacoteca, dos operaciones enmarcan, de manera fundamental, su transformación. En un primer momento, la rotación del eje principal de visitación, lograda gracias a la maniobra sutil de cruzar, con puentes, los espacios vacíos de los patios internos, cambia el emplazamiento del edificio y su relación con la ciudad. Esta maniobra, en el interior del edificio, exhibe la virtud de la arquitectura en su extensión hacia el espacio urbano, su poder de narración —lenguaje peculiar de una forma de conocimiento histórico del género humano. Experiencia.

El otro momento, intrigante, de esta operación, es la revelación de la fuerza horizontal del conjunto, realzada por las superficies planas de cristal que recubren los patios internos y elogian el hecho de que no haya sido nunca construída la torre central del proyecto de Ramos de Azevedo. De esta manera, esta segunda maniobra destaca el arranque del robusto embasamiento ortogonal y funda el lugar que constituye, en la nueva disposición de los espacios internos de este proyecto, un bellísimo espacio central. Un nuevo museo.

Hay que hacer notar que la atracción por la línea horizontal dominante está amparada en el desarrollo de las nuevas técnicas, en particular, la industria del acero, el hormigón armado, el cálculo.

Estas consideraciones remiten, sin lugar a dudas, a la cuestión de la horizontalidad, presente en la Galería Nacional de Berlín de Schinkel, y sus desdoblamientos en la arquitectura moderna que surge con excepcional vigor en la obra de Mies van der Rohe.

Paulo Mendes da Rocha
São Paulo, 23 de Octubre de 2000

Reflections on the Project

The essential aspect of this undertaking from the outset was the idea of building the city, a pressing need on the American continent. Architecture and Geography. Above all, because this is an intervention in a building, in which the representative pattern of the project by architect Ramos de Azevedo emerges sustained by tradition and the canons of neoclassical architecture.

Since then —the turn of the 19th and 20th centuries— a critical stance, which belongs to the thinking of modern times, has emerged here and assigned a particular responsibility to this kind of construction: the inexorable gaze over the space of the American city, faced with nature and social transformations, a gaze solicited by the industrial world, the product of science and technology.

The America of the voyages of discovery, which confirmed the fact that the earth is round, instilled into mankind initial awareness of its presence in the universe and faith in invention and transformation, fostered by modernity. In the project, two fundamental operations engendered transformation of the Picture Library. In the first place, the rotation of the main visitation axis, fruit of the subtle maneuver of bridging the empty spaces of the interior patios, changed the location of the building and its relationship with the city. This maneuver, inside the building, is a manifestation of the virtue of architecture as an extension towards the urban space, its narrative power —a language peculiar to a form of historical knowledge of the human race. Experience.

The second, intriguing, operation is the revelation of the horizontal force of the complex, highlighted by the flat glass surfaces that cover the interior patios and commend the fact that the central tower in Ramos de Azevedo's project was never built. This second maneuver thus emphasises the foot of the sturdy orthogonal base and founds the place that constitutes a magnificent central space in the new arrangement of the interior spaces of the project. A new museum.

It must be stressed that enthusiasm for the dominant horizontal line is endorsed by the development of new technology, in particular the steel industry, reinforced concrete and calculation.

These reflections undoubtedly relate to the issue of horizontality, present in Schinkel's Berlin National Gallery and its subsequent development in modern architecture, the most vigorous exponent of which is the work of Mies van der Rohe.

Paulo Mendes da Rocha
São Paulo, October 23, 2000

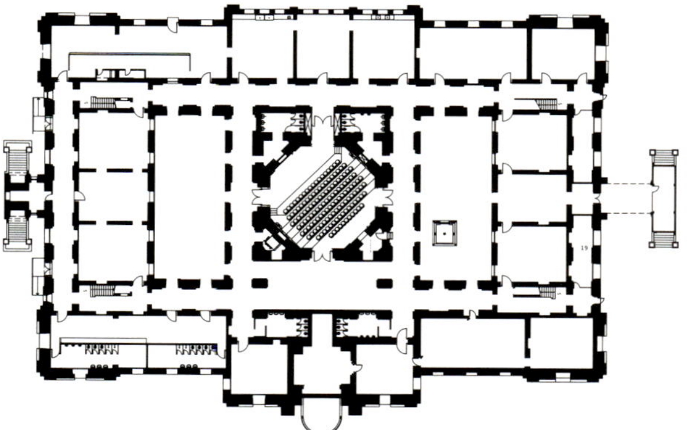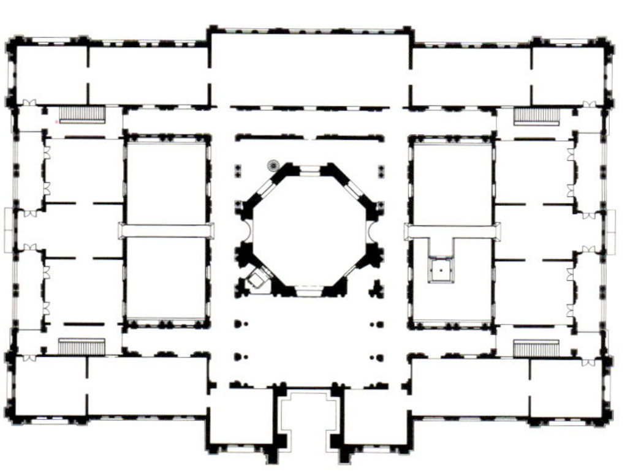

AMILCAR DE CASTRO

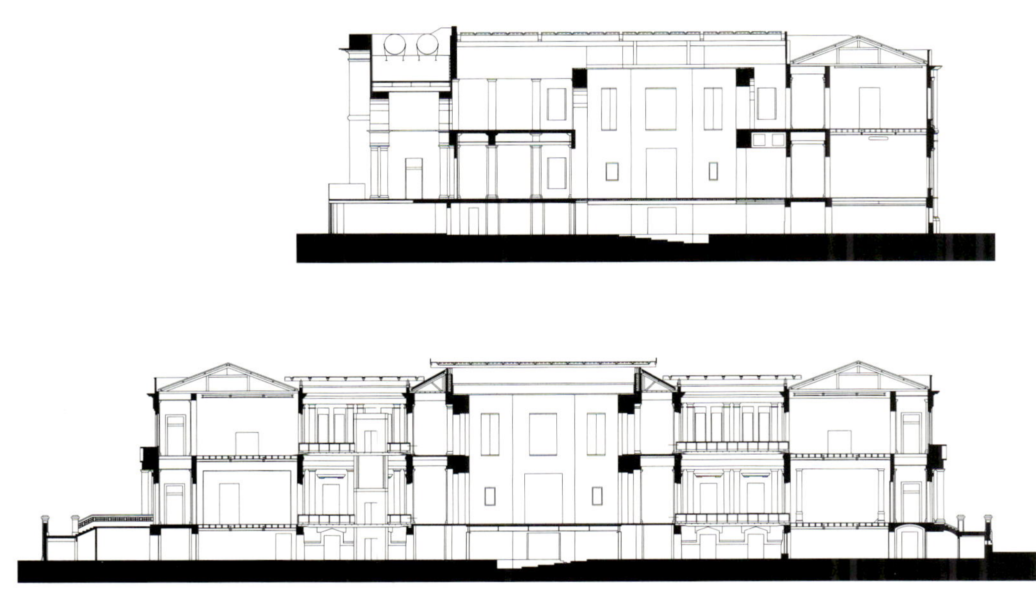

Exposições
Temporárias
Acervo

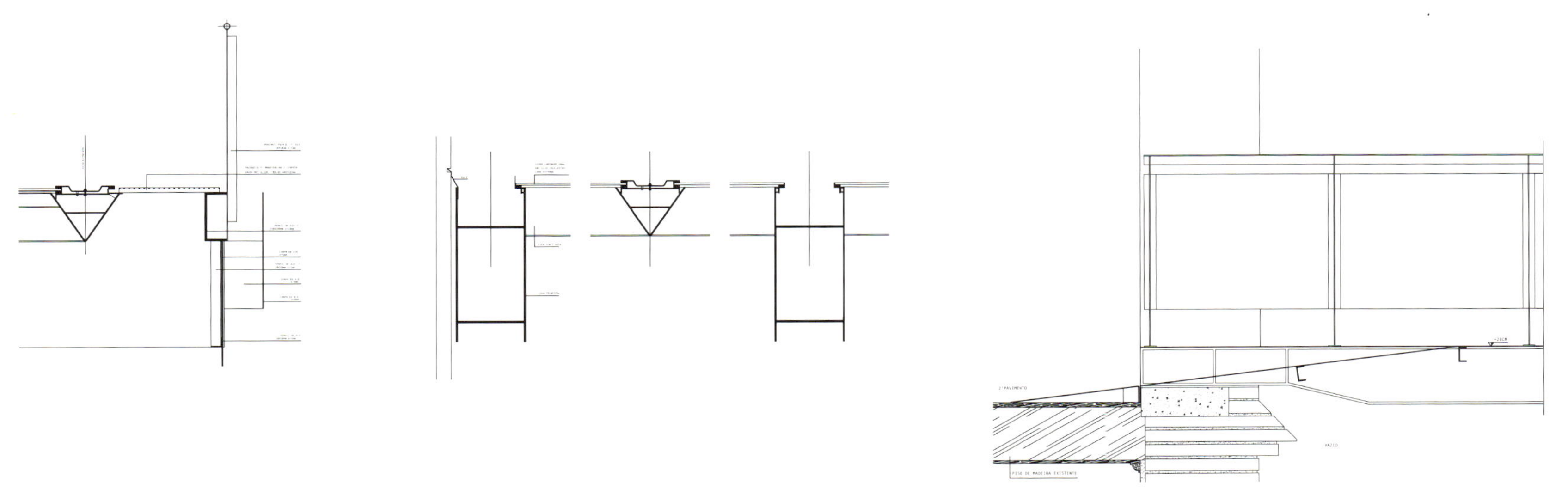

FACULTAD DE MATEMÁTICAS
PONTIFICIA UNIVERSIDAD CATÓLICA DE CHILE

MATHEMATICS FACULTY
PONTIFICIA UNIVERSIDAD CATÓLICA DE CHILE Santiago, Chile

ALEJANDRO ARAVENA
1967 Nacido en · Born in Santiago de Chile
1992 Titulado en arquitectura · Diploma in architecture, Pontificia Universidad Católica de Chile (PUC de Ch), Santiago
1992-93 Postgrado · Postgraduate, Istituto Universitario d'Architettura di Venezia
1992 Profesor · Professor, PUC de Ch
1999 Profesor visitante · Visiting professor, Architectural Association, London

PRINCIPALES CONCURSOS
MAJOR COMPETITIONS
1991 Mención especial · Special mention, V Biennale di Venezia
1994 Mención honorífica · Honorary mention: Centro de Información Latinoamericano Sergio Larraín, Santiago
1996 3er premio · 3rd prize: Rehabilitación Ruinas de Huanchaca, Antofagasta, Chile

OBRAS PRINCIPALES · MAJOR WORKS
1995 Bar Sin Nombre, Ñuñoa, Santiago
1996 Restaurante Étnico, Providencia, Santiago
1997 Casa Francisca Cerda, Peñalolén, Santiago

Alejandro Aravena
Dirección de Proyectos e Investigaciones (D.P.I) de la Facultad de Arquitectura, Diseño y Estudios Urbanos de la PUC de Ch
Project and Research Director at the Faculty of Architecture, Design and Urban Studies, PUC de Ch

Cliente · Client: DIRECCIÓN DE INFRAESTRUCTURA Y DESARROLLO FÍSICO DE LA PONTIFICIA UNIVERSIDAD CATÓLICA DE CHILE (PUC de Ch) Colaboradores · Collaborators: LUIS LUCERO, RAFAEL GANA, FABIÁN KUSKUNNEN Constructora · Construction company: RAWLINS SA; CRISTIAN FUENTES, encargado de la obra · site manager; MAURICIO GUERRA, jefe de la obra · project manager Coordinación proyecto · Project coordinator: TOMÁS DALLA PORTA Inspección técnica · Technical inspection: DECON; PATRICIO OGAZ, inspector en la obra · site inspector Cálculo estructural · Structure calculation: LUIS SOLER, INGENIEROS ASOCIADOS Ingenieros a cargo del proyecto · Engineers in charge of the project: JUAN ERENCHUN, ULISES SALAZAR Consultoría cobre · Copper consultants: PROCOBRE CHILE Muro cortina · Curtain wall: GALANO LTDA.

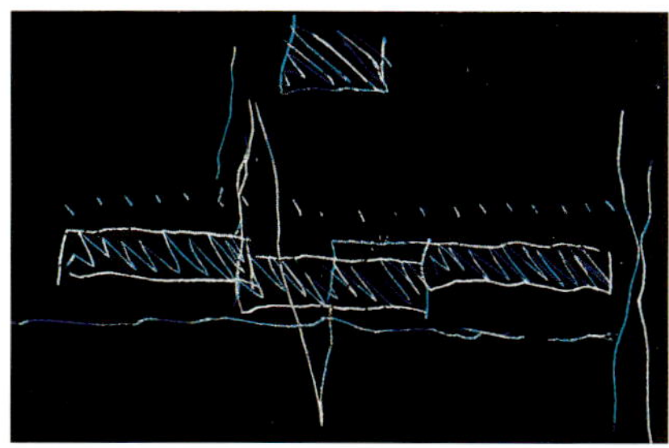

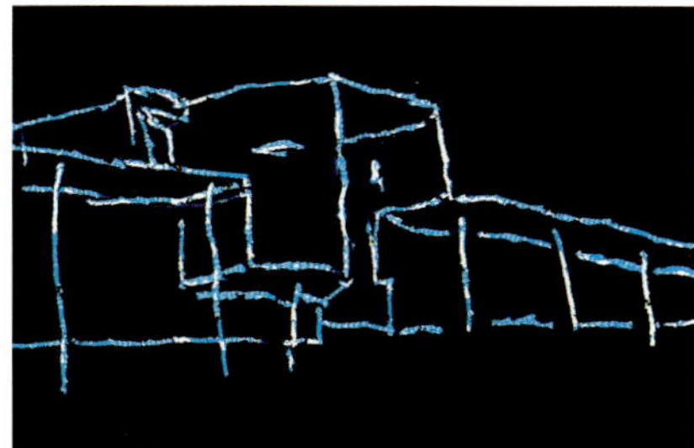

El proyecto consiste básicamente en la construcción de las oficinas de los profesores de la Facultad de Matemáticas de la Universidad Católica de Chile. La universidad asignó un terreno cercano a la antigua facultad (unas estructuras de los años 70, neutras, resistentes, esquemáticas, casi pobres), pero ningún lugar especifico.

La primera decisión fue unir las dos estructuras existentes, construyendo un edificio entre ellas y como ellas, rescatando la única idea fuerte con que se conformaban: un corredor porticado al norte de doble altura, armado apenas con la prolongación de la estructura del techo y las bajadas de agua-lluvia. En un campus de 50 hectáreas con edificaciones aisladas inconexas, la única opción razonable era transmutar la agregación de elementos en un principio de sustracción, de síntesis que permitiera aspirar a un edificio con escala de campus (2+1=1).

Pero el mismo pórtico que confería una cierta nobleza a las estructuras, era su deficiencia: ellas definían implacablemente un adelante y un atrás. Condición del nuevo edificio: Suspender esta dualidad y construir un edificio de doble frente.

La dificultad estaba en que uno de estos frentes estaba orientado al sur, por lo tanto en penumbra, a contraluz. Si a eso sumamos el hecho que en las metrópolis americanas, proyectar con la palidez propia de la contaminación es ya un dato, la única manera de dotar de vitalidad a esa fachada sur, era llevar todos los elementos al plomo exterior, y dejar que los vidrios (que a contraluz funcionan como espejos) reflejaran algo de la vida que les pasa por delante.

La dificultad del encargo radicaba en que el programa estaba constituído casi en su totalidad por unidades pequeñas (oficinas de profesores), las cuales podrían haber llevado a una alveolización del volumen. Y si bien ellas cuidan la soledad propia del trabajo concentrado, siempre imaginé que lo que el proyecto debía construir, era la otra dimensión del estudio, la que descubre en el encuentro con los otros, la mayoría de las veces casualmente, al paso. Este edificio es la magnificación de la conversación de pasillo.

The project consists basically of the construction of the teaching staff offices at the Mathematics Faculty of the Universidad Católica de Chile. The university provided land for the project close to the existing faculty (neutral, resistant, schematic, almost poor structures from the 70s), but no specific site was assigned.

The initial decision was to join the two existing structures by constructing a building between and similar to them and exploiting the only strong idea that characterised them: a double-height corridor to the north with porticoes, suggested by the prolongation of the roof structure and the drainpipes. On a 50-hectare campus with unconnected freestanding buildings, the only reasonable option was to transmute the agglomeration of elements into a principle of substraction, of synthesis, which would make it possible to aspire to a building of campus scale (2+1=1).

However, the portico that endowed the structures with a certain dignity was at the same time their main defect: they implacably defined an in front and a behind. It was therefore decided to suspend this duality and construct a building with a double front.

The difficulty lay in the fact that one of these fronts was oriented southwards and, consequently, stood in semi darkness, against the light. If to this one adds the fact that in American metropoli it is common practice to design taking the paleness characteristic of pollution into consideration, the only way to endow this south façade with vitality was to take all the elements to the exterior lead and allow the windows (which against the light function as mirrors) to reflect something of the life that went on in front of them.

The difficulty of the brief lay in the fact that the programme consisted almost entirely of small units (teaching staff offices), which might have given rise to honeycombing of the volume. And while these units provide the solitude needed for concentrated work, I always imagined that what the project should create was the other dimension of study, that which is revealed in usually chance encounters with others. This building is the magnification of corridor conversations.

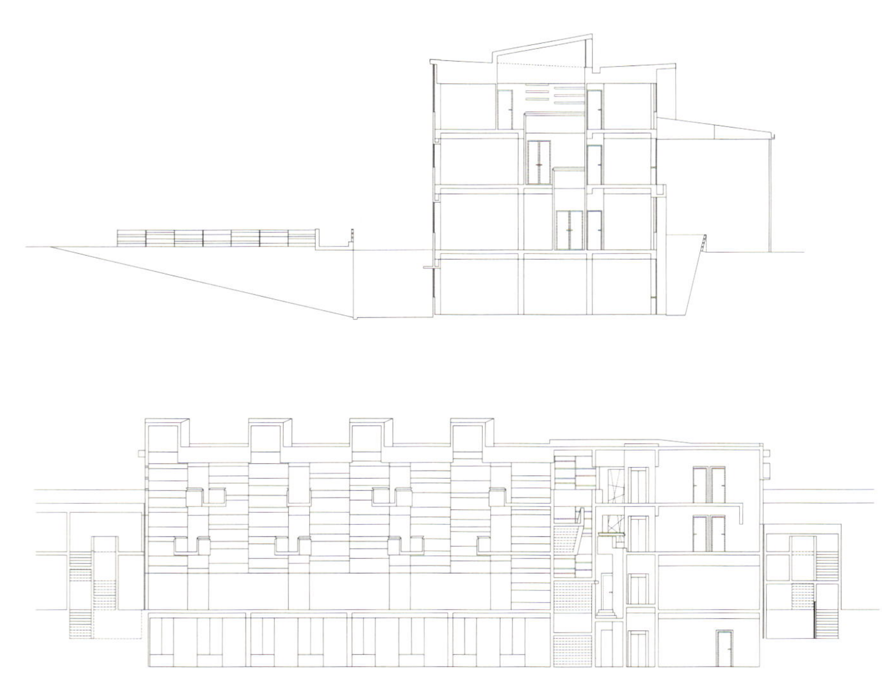

Finalmente, se hizo un esfuerzo para, a pesar de lo ajustado del presupuesto, construir con materiales y no con productos. Ello, porque los materiales, a diferencia de los productos, no se arruinan, envejecen.Tanto los óxidos y las pátinas, como el orden de estratos y sedimentos que define la configuración plástica de las pieles de cobre y maderas nativas, son una exploración en lo irregular y azaroso, cuyo objetivo es temperar una estructura que, dado que en Chile tiembla, tiende a la regularidad y la simetría. Del diálogo entre azar y monotonía, ha de nacer la contribución de este edificio al estado del arte; creo.

Finally, despite the tight budget efforts were made to build with materials rather than with products. The reason being that materials, unlike products, do not spoil, they age. Both the rusts and patinas, and the order of strata and sediments that define the plastic configuration of the copper and autochthonous wood skins, constitute an exploration of the irregular and the random, the objective of which is to temper a structure that, given the fact that earth tremors are common in Chile, tends towards regularity and symmetry. I believe that this building's contribution to the state of the art must be the fruit of dialogue between randomness and monotony.

COMPLEJO VACACIONAL
DEL SINDICATO DE TRABAJADORES DE LA ADMINISTRACIÓN NACIONAL DE ELECTRICIDAD
HOLIDAY COMPLEX
FOR THE ADMINISTRACIÓN NACIONAL DE ELECTRICIDAD TRADES UNION
Ytú, Caacupé, Paraguay

1987 Gabinete de Arquitectura establecido en · established in Asunción, Paraguay

JOSÉ LUIS AYALA
1972 Nacido en · Born in Asunción
1993-96 Cursos de diseño · Design studies: Università degli Studi di Firenze; San Diego State University, California; Istituto Universitario di Archittetura di Venezia
1999 Titulado en arquitectura · Diploma in architecture, UCNSA
1999 Profesor · Professor, UCNSA

SOLANO BENÍTEZ
1963 Nacido en · Born in Asunción
1986 Titulado en arquitectura · Diploma in architecture, Universidad Nacional de Asunción (UNA)
1987-90 Profesor · Professor, UNA
1991 Profesor · Professor, Universidad Católica Nuestra Señora de la Asunción (UCNSA)

1992 Asesor de diseño urbano · Urban design consultant, Municipalidad de Asunción
1994 Conferencia y exposición · Lecture and exhibition: Jovenes arquitectos · Young architects, Lisboa
1999 Profesor invitado · Guest professor, UCNSA

ALBERTO MARINONI
1967 Nacido en · Born in Asunción
1994 Titulado en construcciones · Diploma in building, UCNSA

PRINCIPALES CONCURSOS
MAJOR COMPETITIONS
1993 1er premio · 1st prize: Vertùa, Asunción, (S.Benítez)
1993 1er premio · 1st prize: Centro de jubilados bancarios del Paraguay, (S.Benítez)
1996 1er premio · 1st prize, Mariano R.Alonso: Coca Cola, Paraguay
1997 Mención de honor · Honorary mention: Universidad Autónoma de Asunción

José Luis Ayala, Solano Benítez, Alberto Marinoni

Cliente · Client: SINDICATO DE TRABAJADORES DE LA ASOCIACIÓN NACIONAL DE ELECTRICIDAD (SITRANDE) Colaboradores · Collaborators: SILVIO VÁZQUEZ, SILVIA ORTIZ, GIOVANNA PEDERZANI, CARLOS DÍAZ MEYER, SERGIO FANEGO, ROSA SARUBBI, MIRNA CRUZ, ALEJANDRA SÁNCHEZ, CLAUDIA FLEITAS, JAZMÍN CHILAVERT, GONZALO MEZA Constructora · Construction company: GABINETE DE ARQUITECTURA Principales consultores · Main consultants: GILBERTO CALDEROLI, ALBERTO ESPINOLA, DIEGO PEÑA, ALFONSO AVALOS

PREMIOS Y DISTINCIONES
PRIZES AND DISTINCTIONS
1999 Premio: Joven sobresaliente, Asunción
(S.Benítez)
1999 Premio Nacional de Arquitectura:
Publipar, Encarnación

OBRAS PRINCIPALES · MAJOR WORKS
1991 Concesionario · Show room Bruno
Guggiari, Asunción
1992 Fábrica de colchones · Mattress factory
Super Spuma, Fernando de la Mora, Paraguay
1999 Cadena comercial · Commercial chain
Centro Eléctrico, Asunción
1999 Taller mecánico · Garage, Asunción
1999 Casa Demelenne, Areguá, Paraguay

Tras la revolución de febrero de 1989, se otorga a trabajadores de los monopolios estatales, derecho de integrar sociedades sindicales.

Resultamos ganadores de un concurso organizado por este sindicato, que integra en plantilla de funcionarios, desde encargados de aseo hasta las complejas gerencias técnicas, y que operan en plantas de escenarios muy distintos, asentadas en capital y hasta en periféricas y diminutas comunidades rurales.

El sitio del proyecto, Ytú, se encuentra a 50 km de la ciudad de Asunción. Serranías, monte y un arroyo integran las 10 hectáreas del conjunto, sobrevivientes de los parcelamientos de lotes de especulación inmobiliaria en los que se hallan inscriptas.

El lugar ya estaba contado, pervive en recuerdos futuros, la propuesta es sólo una estrategia de intervención. Un proyecto extensible y transformable, hecho de marcas fundacionales en la necesidad de nombrar el lugar. El proyecto, comprometido con una profunda austeridad, habrá de rehacerse repitiendo el gesto en cada parte.

La construcción es la del límite, lo más cercana a refugios de distintas escalas, que se entretejen con árboles, que copian la silueta de los cerros, que inauguran topografías que se clavan o emergen del suelo, donde se encuentran con la intensidad del sol y la generosidad de las sombras, la lluvia, los vientos, sus sonidos y olores. Sólo el lugar determina el adentro y el afuera.

Pretendemos el desarrollo de una modernidad sensible, que nos permita poner en tren de superación el aprovechamiento de nuestros recursos y potencialidades, de materiales y procedimientos.

La cestería nos da la clave de esfuerzos y contraesfuerzos a los que sometemos la madera de baja densidad para evitar su libre deformación a la intemperie. La paja utilizada como aislante térmico sobre los techos. La tierra como encauzador y contenedor de los raudales de la sierra, etc.; son algunos recursos constructivos explorados por esta propuesta.

After the February 1989 revolution, workers employed by the state monopolies were granted the right to join trades unions.

We were the winners of a competition convened by this union, whose members are functionaries ranging from cleaning attendants to executives who may work anywhere from the capital to tiny peripheral rural communities.

Ytú, the project site, lies 50 km from the city of Asunción. The 10-hectare site contains mountains, scrubland and a stream, survivors of the division of the site into lots by real-estate speculators.

The site was already assigned, lives on in future memories, the project is merely a strategy of intervention. An extendable, transformable project that endows the site with identity. The project, committed to absolute austerity, will have to be remade by repeating the gesture in each part.

The construction is that of the limit, the closest to refuges of different scales, that intermingle with trees, copy the outline of hills, structures that are inserted into or emerge from the ground, where they encounter the intensity of the sun and generosity of shade, rain, winds, their sounds and aromas. Only the site determines inside and outside.

The project pursues sensitive modernity that allows us to optimise the exploitation of our resources and potential, materials and procedures.

The basketwork structure provides the key to stress and counter-stress to which we submitted the low-density timber to prevent its deformation in the open air. Straw was used as a heat insulator in the roofs. And earth as channel and container of the waters from the mountains, etc. These are some of the building resources whose possibilities we explored in this project.

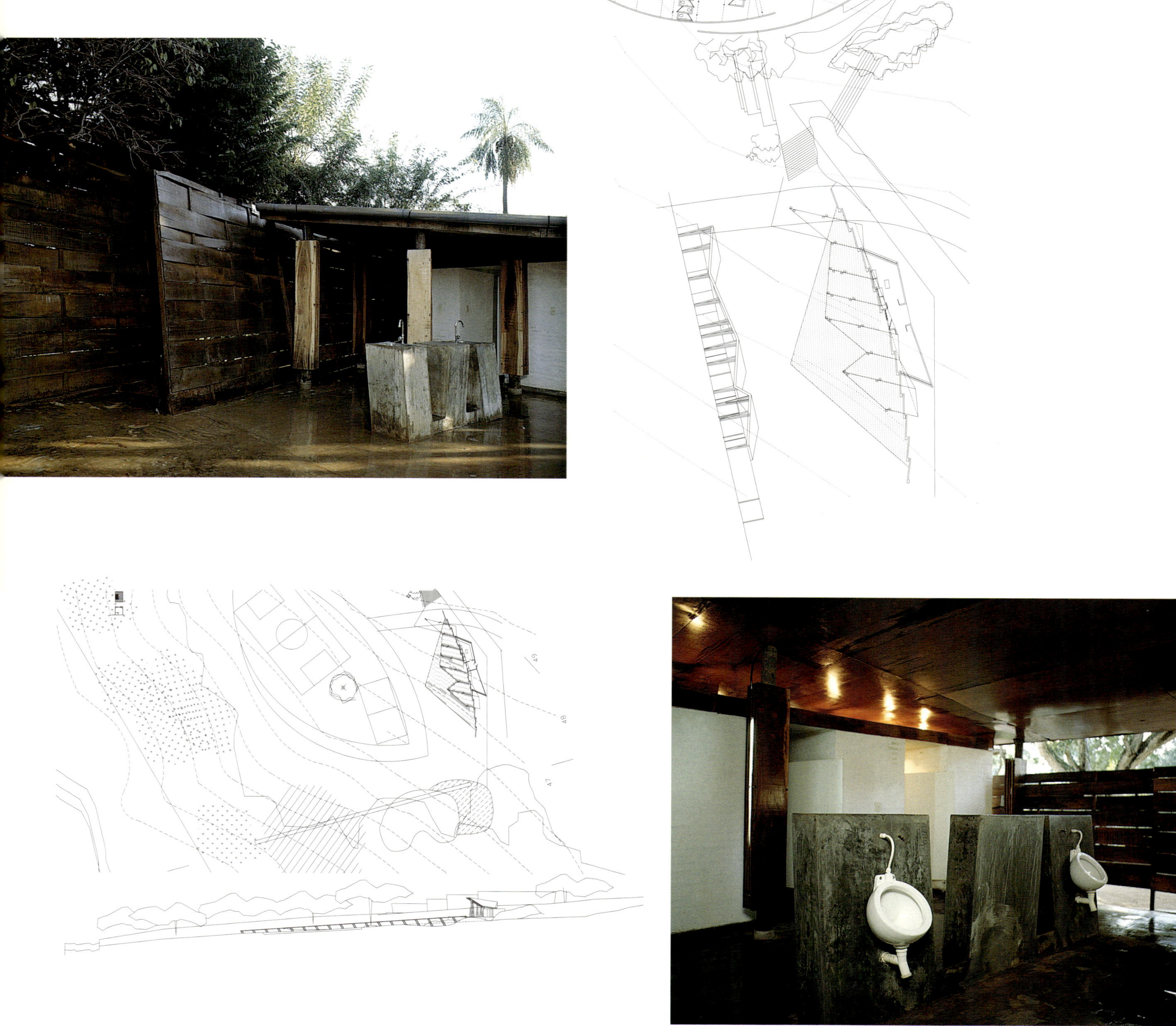

CASA DE LA QUEJA
HOUSE OF THE COMPLAINT

Cali, Colombia

BENJAMÍN BARNEY-CALDAS
1941 Nacido en · Born in Cali
1967 Titulado en arquitectura · Diploma in architecture, Universidad de los Andes (UA), Bogotá
1968-72 Profesor e investigador · Professor and researcher, Centro Investigaciones Estéticas (CIE) y Centro de Planificación y Urbanismo (CPU), UA, Bogotá
1972-97 Profesor · Professor, Universidad del Valle (UV), Cali
1994-97 Director, Escuela de arquitectura· Architecture school, UV
1997-99 Profesor · Professor, Universidad San Buenaventura, Cali

PRINCIPALES CONCURSOS
MAJOR COMPETITIONS
1971 1er premio · 1st prize: Ampliación del edificio Lievano para la alcaldía · Extension of the Lievano building for the city hall, Bogotá (con · with J.Moesseri)
1998 2o premio · 2nd prize: Centro información turística y cultural, Bogotá (con · with R.Tascón, J.C.Ponce de León)

PREMIOS Y DISTINCIONES
PRIZES AND DISTINCTIONS
1964 Mención · Mention, II Bienal de Arquitectura Colombiana, Bogotá (con · with CIE)
1969 Mención de honor · Honorary mention, IV Congreso Sociedad Colombiana de Planificación, Bogotá (con · with CPU)

Benjamín Barney-Caldas

Cliente · Client: SYLVIA VERA PATIÑO SPITZER Construcción · Construction: 1992: JAIME BELTRAN VANEGAS; 1994 y 1996-98: BENJAMIN BARNEY-CALDAS
Asesor estructuras · Structural consultant: PRIMO ANDRES CAJIADO

1970 Premio · Award Carlos Arbeláez
Camacho, IV Bienal de Arquitectura
Colombiana, Bogotá (con · with CIE)
1970 1er premio · 1st prize, VIII Congreso
Sociedad Interamericana de Planificación,
Salvador, Brasil (con · with CPU)
1994 Mención · Mention, II Muestra de
Arquitectura Vallecaucana: Casa de la
Paciencia

OBRAS PRINCIPALES · MAJOR WORKS
1973 Casa la Biencontenta, Florida
1974 Talleres y oficinas · Ateliers and offices,
Museo de Arte Moderno, Cali
1997 Casa de la Paciencia, Cali

Es el reciclaje de una vieja casa de adobes, muy deteriorada, entre medianeras, de un piso y patios. El barrio, muy tradicional de Cali, sólo es de principios del XX y víctima de retrocesos para ampliar sus calles. Sus lotes estrechos lo han salvado de ser arrasado, por estar junto al centro, del que fue cercenado por las vías que se construyeron para los Juegos Panamericanos de 1971 con los que se buscaba la "modernización" a la fuerza de la ciudad.

Se conservó la crujía de la calle, de mejor estado y que relaciona la casa con el barrio, en la que el garaje evidencia la intervención. Se restauró la ventana que se conservó, pero su posición se modificó. Se buscó el contraste entre lo existente y lo nuevo. La casa se dotó con las comodidades, instalaciones y seguridades actuales, y sus recintos se dispusieron según la zonificación común de "servicios sociales y dormitorios". Pero se conservaron zaguanes, corredores y patios, y se construyeron varios estanques, terrazas y miradores, y una piscina, que permiten diferentes lugares para estar, comer o trabajar, según el animo, el clima (tropical húmedo) y el paso del día.

Se dio sismo-resistencia a las partes viejas (la región es de alto riesgo) integrándolas a las nuevas en una fábrica reforzada verticalmente de manera regular, que soporta entrepisos y terrazas de madera y concreto estructural. Las cubiertas son de tejas asentadas en mortero. Los pisos de tradicionales baldosas de cemento, pero rectangulares. Los muros nuevos, de bloques de cemento. Ventanas y puertas son de madera con rejas de hierro. Se usaron pocos materiales, y los menos exigentes, y un sistema constructivo elemental. En general, las partes conservadas o reconstruidas son blancas y las nuevas presentan sus materiales a la vista y son precisas, modulares y repetitivas, todo inscrito en una retícula de 1.40 metros. Las pocas excepciones obedecen a licencias poéticas. Ambos imaginarios están imbricados en un solo palimpsesto en el que se puede apreciar lo viejo y lo nuevo y sus distintas y nuevas relaciones formales con las que se pretendió volver la casa arquitectura.

The project consisted of recycling a much deteriorated old one-storey adobe house with patio between party walls. The district, which dates from the early 20th century, is characteristic of Cali and much eaten away by street widening processes. Its narrow plots were saved from elimination by virtue of the fact that they are near the center, from which it was severed by the thoroughfares built for the 1971 Panamerican Games, a pretext to forcibly "modernise" the city.

The bay overlooking the street was preserved, given its reasonable state of conservation and the fact that it relates the house to the district. The garage provides visual evidence of the intervention. The preserved window was restored, although it changed position. A contrast was sought between the existing and the new. The house was endowed with modern comforts, installations and security, and its different spaces arranged according to the common zoning of "social areas and bedrooms". However, entrance halls, corridors and patios were preserved and several ponds, terraces and belvederes built, as well as a swimming pool, in order to create different areas to relax, eat or work, depending on mood, climate (wet tropical) or the time of day.

The old parts of the building were made earthquake-resistant (the region is high-risk) and integrated into the new parts to form regularly and vertically reinforced stonework that supports timber and structural concrete floors and terraces. The roofs are of tiles set in mortar, and the floors of traditional rectangular cement slabs. The new walls consist of cement blocks. The windows and doors have wooden frames and iron grilles. Few materials, the most robust, were employed in an elementary construction system. In general, the preserved or reconstructed parts of the house are white, while the materials employed for the new ones are visible, precise, modular and repetitive, all inscribed in a 1.40-metre gridiron. The few exceptions obey poetic licence. Both systems overlap in a single palimpsest in which it is possible to appreciate the old and the new and the different formal relations with which it has been intended to return architecture to the house.

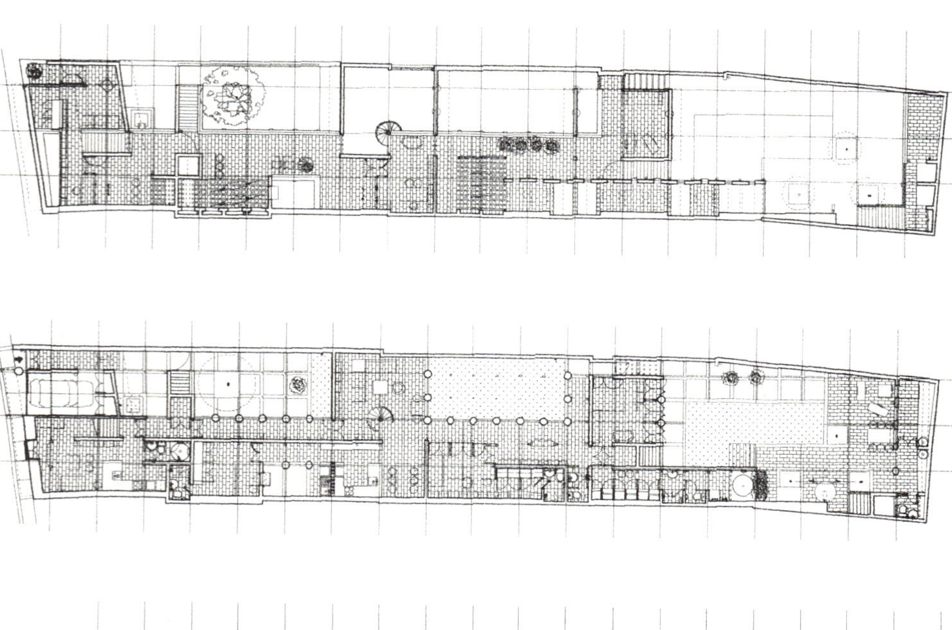

EDIFICIO DE DEPARTAMENTOS AMSTERDAM 18

AMSTERDAM 18 APARTMENT BUILDING   México DF, México

1990 Taller Cinco establecido en established in México DF

ISAAC BROID
1952 Nacido en · Born in México DF
1975 Titulado en arquitectura · Diploma in architecture, Universidad Iberoamericana (UI), México DF
1978 Diplomado en diseño urbano y planificación · Diploma in urban design and planning, University of Edinburgh, Reino Unido · United Kingdom
1979 Maestría en diseño urbano · Master in urban design, Oxford Polytechnic, Reino Unido · United Kingdom
1981-85 Director, Proyectos · Projects VIII, UI

1997 Director, Proyectos · Projects IV, Universidad Nacional Autónoma de México (UNAM), México DF

BENJAMÍN CAMPOS
1971 Nacido en · Born in México DF
1994 Titulado en arquitectura · Diploma in architecture, Universidad Autónoma Metropolitana, México DF

FERNANDO DONÍS
1972 Nacido en · Born in La Paz, México
1995 Titulado en arquitectura · Diploma in architecture, Universidad Autónoma de Nuevo León, México
1997-99 Profesor · Professor, Universidad Anahuac, México DF

Isaac Broid, Benjamín Campos, Fernando Donís, Alfredo Hernández, Gabriel Merino

Cliente · Client: CONSUELO SAIZAR, RAMÓN ESTUDILLO Colaboradores · Collaborator: LUCILA URDA Constructora · Construction company: CARLOS PAZ Instalaciones hidrosanitarias y eléctricas · Sanitary and electrical installations: ARTURO GUERRA, ANTONIO VALERIANO Ingeniería estructural · Structural engineer: JOSÉ URBINA

ALFREDO HERNÁNDEZ
1957 Nacido en · Born in México DF
1983 Titulado en arquitectura · Diploma
in architecture, UNAM

GABRIEL MERINO
1975 Nacido en · Born in Mexico DF
1999 Titulado en arquitectura · Diploma
in architecture, UI

PRINCIPALES CONCURSOS
MAJOR COMPETITIONS
1989 1er premio · 1st prize: Colegio
alemán · German school A.von Humboldt,
Lomas Verdes, México (I.Broid)
1996 1er premio · 1st prize: Concurso
Mario Pani, México DF (F.Donís)
1997 1er premio · 1st prize: Biblioteca ·
Library Bonfil Batalla, México DF
1997 2o premio · 2nd prize: Museo de
la fotografía, Pachuca, México

PREMIOS Y DISTINCIONES
PRIZES AND DISTINCTIONS
1991 Medalla de plata · Silver medal:
Metro ligero · Light rail, Bulgaria Bienal
(I.Broid, A.Nuño, C.MacGregor)
1994 Premio a la excelencia · Award for
excellence: Centro de la imagen, Galería
de fotografía, Architectural Record
(I.Broid, B.Campos, A.Hernández)

OBRAS PRINCIPALES · MAJOR WORKS
1991 Metro ligero, México DF
1994 Centro de la imagen, Galería de
fotografía, México DF
1998 Centro de desarrollo infantil · Infant
development center, México DF
1999 Oficinas corporativas Telcel, México DF
1999 Centro de atención a distribuidores
Telcel, México DF

En una zona cuya traza urbana y arquitectura se funden para crear una de las áreas con más calidad de la Ciudad de México se proyectó un edificio de departamentos que respeta tanto los alineamientos existentes, la altura promedio y la tonalidad gris de los edificios originales de la zona, construidos éstos durante los años 30. Se utilizó el vocabulario original: celosías, columnas sueltas y remates superiores son reinterpretados con un lenguaje contemporáneo.

El carácter del edificio es introvertido: muros de concreto expuesto y celosías de madera dan la "cara" al exterior. Formalmente se intentó la abstracción: eliminación al exterior de elementos fácilmente reconocibles como puertas y ventanas e integrarlos dentro de otros cuerpos y así sugerir una segunda lectura que induzca a descubrirlos. Esto ha permitido crear tres departamentos diferentes entre sí según las peculiares exigencias de sus habitantes y la ubicación de cada vivienda en el terreno. Por ello los departamentos bajos tienen sus servicios hacia la calle y la áreas de uso común se dirigen hacia un pequeño espacio abierto en la parte posterior del predio. El departamento superior se abre hacia la azotea-terraza con una vista hacia los fresnos circundantes, ya libre de la mirada de los peatones. Todos se comunican vertebrándose a lo largo de la escalera principal: espacio axial de altura imponente que revela su carácter simbólico al entrar y salir, al ir y venir.

In an area whose urban layout and architecture meld to create one of Mexico City's highest quality districts, an apartment building was designed respecting present alignments as well as the average height and the grey tones of the existing buildings, constructed during the 30s. The original vocabulary was employed: lattices, freestanding columns and crowning elements are reinterpreted according to the contemporary idiom.

The character of the building is introverted: walls of bare concrete and wooden lattices "show their face" to the exterior. An attempt at formal abstraction was made by eliminating on the building's easily recognisable exterior elements such as doors and windows, which were integrated into other structures to suggest a second reading by which to discover them. This made it possible to create three apartments that differ from each other in keeping with the requirements of each occupant and the location of the dwelling on the site. As a result, the services of the ground-floor apartments are visible from the street, while the living areas look towards a small open space at the rear of the site. The first-floor apartments, hidden from the sight of passers-by, open onto the flat roof-terrace with views of the surrounding ash trees. All the apartments are linked by the imposing main staircase whose symbolic character is revealed as people enter and leave, come and go It also constitutes the building's backbone.

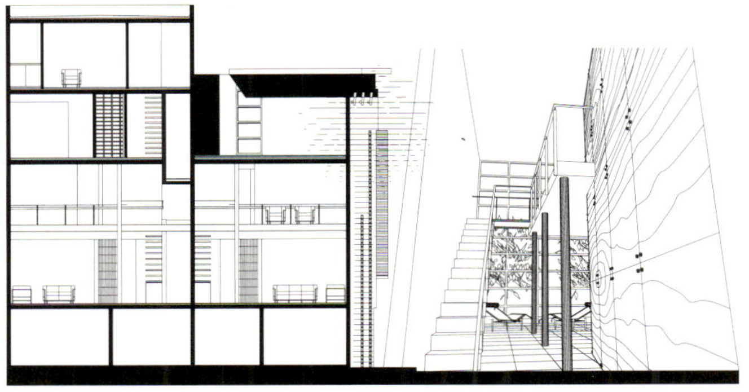

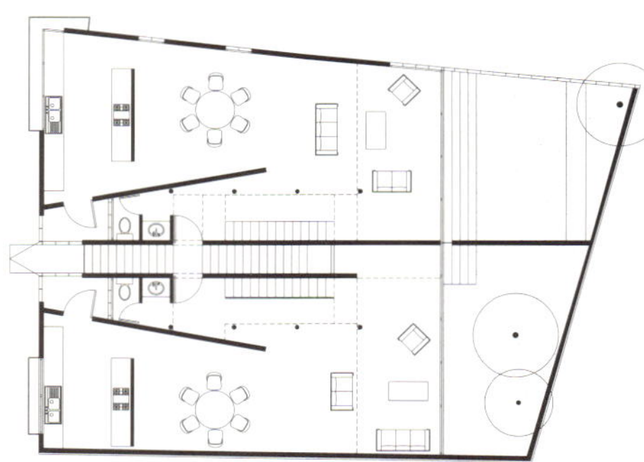

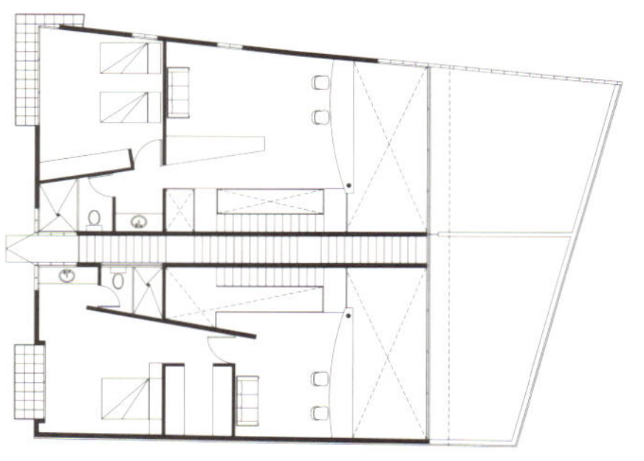

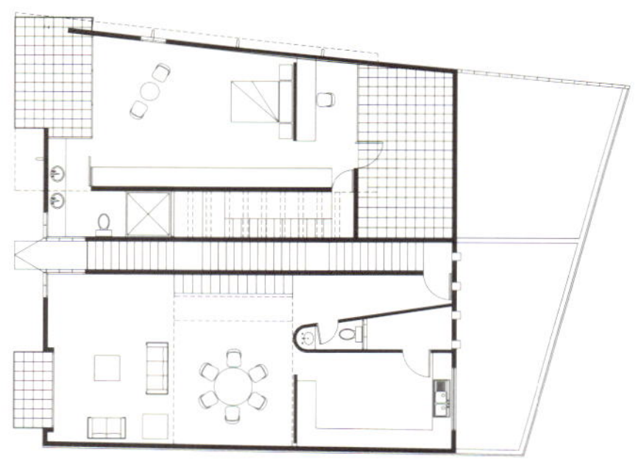

IGLESIA DE SANTA MARÍA DE LAS BRISAS
SANTA MARÍA DE LAS BRISAS CHURCH

Santiago, Chile

FERNANDO DOMEYKO
1930 Nacido en · Born in Santiago de Chile
1957 Titulado en arquitectura · Diploma in architecture, Pontificia Universidad Católica de Chile (PUC de Ch), Santiago
1970-73 Profesor investigador · Research professor, Universidad de Chile, Santiago
1973-74 Visiting Scholar, Technische Universiteit Eindhoven, Paises Bajos · The Netherlands
1974-77 Profesor invitado · Visiting professor, Universidad Politécnica de Madrid
Desde · Since 1980 Senior Lecturer, Massachusetts Institute of Technology (MIT), Cambridge

PRINCIPALES CONCURSOS
MAJOR COMPETITIONS
1968 Concurso Internacional · International Competition, Universite Libre de Bruxelles, Bélgica · Belgium
1990 1er premio · 1st prize, Transformación naves industriales en viviendas y museo · Warehouse transformation to housing and museum, Boston
1990 West Hollywood City Hall, Los Angeles
1991 1er premio · 1st prize, Estación terminal de trenes y buses · Terminal train and bus station, Freiburg, Suiza · Switzerland

Fernando Domeyko

Cliente · Client: CONDOMINIO LAS BRISAS DE SANTO DOMINGO Colaboradores · Collaborators: BENJAMIN BLACK, ALFRED GUTIERREZ, JONATHAN LAVERY, ERIC MAR, SEAN KWAK, CHRISTOPHER NUTTER, ANTHONY MONTALDO, MATHEW NOBLET, EUHEE KIM, DUNCAN KINCAID, STEVEN LEE, SUSANNE MAE, JACK DE VOLPINE Constructora · Construction company: IGNACIO HURTADO SA Ingeniero estructural · Structural engineer: EDUARDO SPOERER Ingeniería mecánica · Mechanical engineer: TRIPYRAMID STRUCTURES, INC.; TIMOTHY ELIASSEN Ingeniería acústica · Acoustical engineer: BOSE; KURT WAGNER Ingenieros de estructura · Structural engineers (consultores · consultants): STEVEN VARGA, WACLAW ZALEWSKI

PREMIOS Y DISTINCIONES
PRIZES AND DISTINCTIONS
1980 Premio de investigación ·
Investigation prize, Bienal de
Arquitectura de Chile, Santiago
1986 Beca · Grant,
Aga Kahn Foundation, Cambridge
1993 Beca de investigación · Research
Grant, Grunfield Foundation, Cambridge
1994 Premio a la docencia · Award for
Excellence in Teaching, Graduate Student
Council, MIT
1995 Beca de investigación · Research
Grant, Council for the Arts, MIT

OBRAS PRINCIPALES · MAJOR WORKS
1958 Residencia particular · Private
house, Vitacura, Santiago de Chile
(con · wtih L.Domeyko)
1978 Renovación · Renovation, Hospital
Anglo-Americano, Madrid
1986 Residencia particular · Private
house, Winchester, Massachusetts
1998 Viviendas sociales · Social housing,
San Roque, Cádiz, España · Spain
(con · with E.Yanes Bustamante)

La iglesia de "Las Brisas" fue un proceso increíblemente rico desde un punto de vista humano e intelectual. Nos permitió entender e innovar soluciones. El diálogo con el cliente, algunas veces duro, fue igualmente enriquecedor y mereció la pena. La innovación en las técnicas de construcción vinieron de la colaboración entre profesionales y constructores altamente cualificados, para resolver en un diálogo creativo la complejidad del reto constructivo (molde de hormigón, estructura doble de madera y elementos de tensión de acero).

La forma ovalada del edificio no es geométrica, pero una forma derivada de fuerzas específicas y aspectos programáticos del acero, madera y metal. Desde un punto de vista conceptual, la simplicidad y la forma reconocible de luz del exterior contrasta con la oscuridad y la infinidad del espacio interior. La falta de cantos de este muro oval interno contrasta una vez más con la definición clara vertical de las columnas que definen el espacio interior de luz. La acústica y la luz juegan un papel de definidor sensorial desde el techo hasta el espacio central. El movimiento de la luz solar a lo largo del día da una relación cósmica del edificio con el tiempo y las estaciones.

Las ventanas y las incisiones son resultado del control del movimiento y la intensidad de esa luz, así como la consideración de las opciones del sistema de moldeado. La propiedad de reverberación asimétrica de la forma oval fue un descubrimiento acústico importante y positivo.

Para conseguir el color de arena de la masa de hormigón utilizamos "arena rubia" de la región con un poco de pigmentación; el aceite de los moldes de madera dieron a la superficie de hormigón tonalidades ligeramente diferentes.

La inspiración en otros lugares históricos de meditación como las paredes Incas y el espacio interior definido por las columnas de piedra alrededor de Stonehenge es una respuesta rigurosa a los requisitos tectónicos del lugar. La necesidad de diálogo con un elemento existente de naturaleza, en este caso un bosque pequeño, el acceso, el patio, la columnata, reafirman la continuidad cultural local en el presente.

The church of "Las Brisas" was an incredibly rich process from a human and intellectual point of view. It allowed us to understand and innovate solutions. The dialogue with the client, sometimes harsh, was equally enriching and rewarding. The innovation of the construction techniques came from the collaboration from highly qualified professionals and builders, to resolve in a creative dialogue the complexity of the construction challenge (concrete molding, double curvature wood structure and steel tension elements).

The oval form of the building is not a geometrical shape, but rather a form derived from specific forces and programmatic aspects of the concrete, wood and metal. From the conceptual point of view, the simplicity and recognisable form in light from the exterior contrast with the darkness and infinity of the interior space. The lack of edges of this oval internal wall contrast once again with the clear vertical definition of the columns defining the internal suspended space in light. The acoustics and the light play as a sensorial definer from the ceiling in that central space. The movement of the sunlight along the day gives a cosmic relation of the building to time and seasons.

The windows and incisions are a result of the control of the movement and intensity of that light, as well as the consideration of the molding system options. The asymmetric reverberation property of the oval form was an important and positive acoustic discovery.

To achieve the sand colour of the mass of concrete we used "blond sand" from the region with a small touch of pigmentation; also the oil of the wooden moldings gave to the concrete surface slightly different tonalities.

The inspiration in other historical places of meditation —such as the Inca walls and the interior space defined by the surrounding stone columns in Stonehenge— is a rigorous answer to the local tectonic requirements. The need to dialogue with an existing element of nature, in this case the small forest, the access, the patio, the colonnade, reaffirm a local cultural continuity in the present.

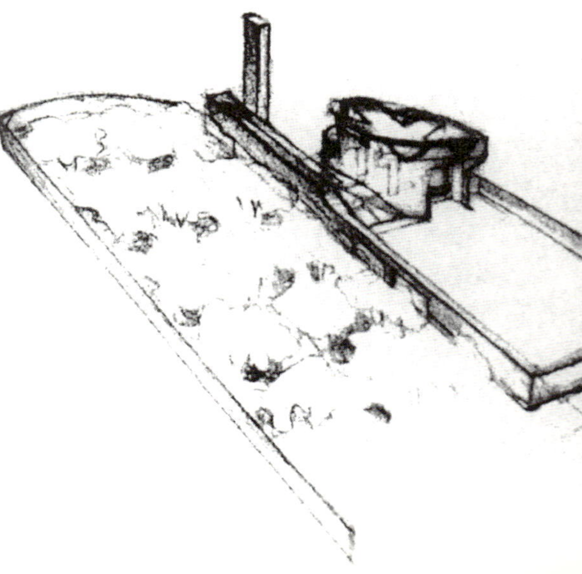

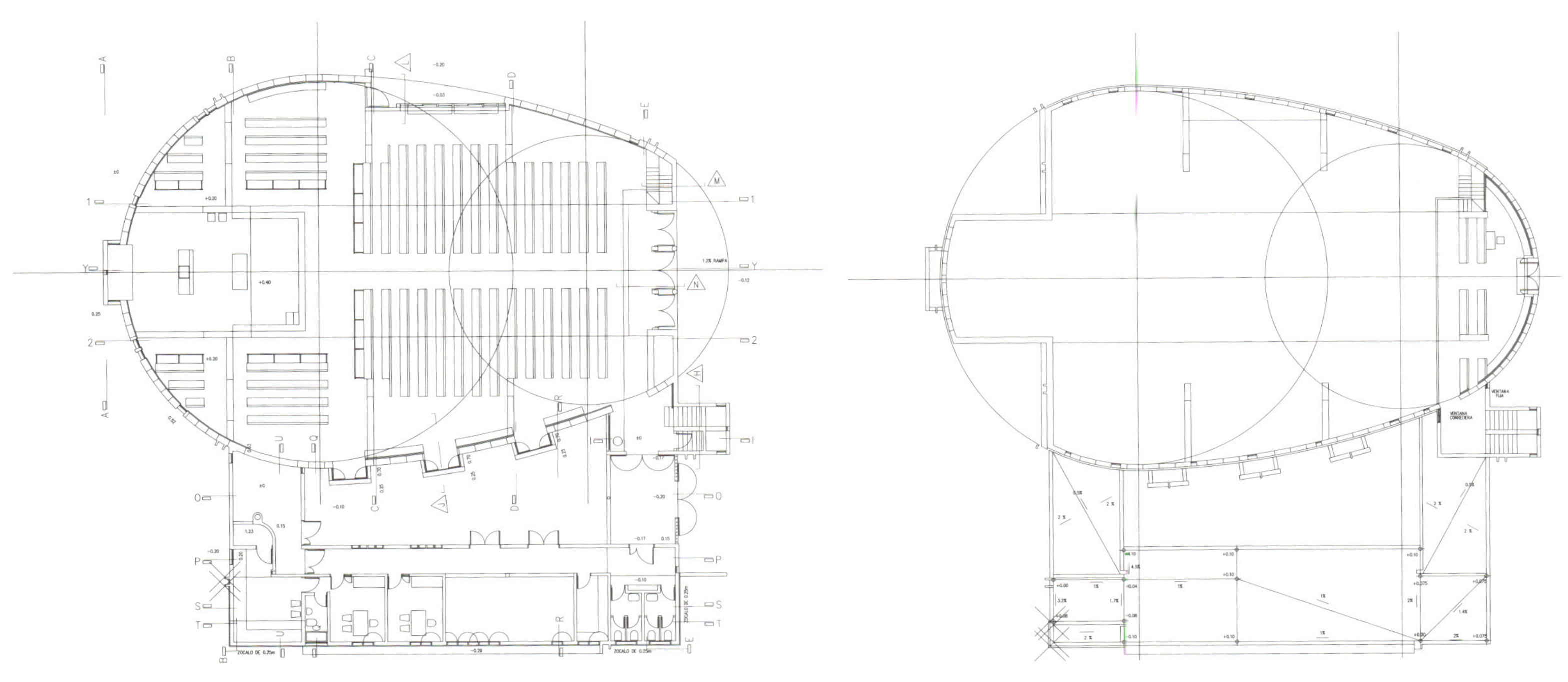

CENTRAL HIDROELÉCTRICA 23 DE ENERO-MACAGUA
CASA DE MÁQUINAS, CENTRO DE VISITANTES Y PLAZA DEL AGUA

23 DE ENERO-MACAGUA HYDROELECTRIC POWER STATION
MACHINE BUILDING, VISITORS' CENTRE AND PLAZA DEL AGUA
Guayana, Venezuela

ESTHER FONTANA
1939 Nacida en · Born in Caracas, Venezuela
1966 Titulada en arquitectura · Diploma in architecture, Universidad Central de Venezuela (UCV), Caracas
1975 Maestría en geografía urbana · Master in urban geography, University of Sussex, Brighton, Reino Unido · United Kingdom
1976-78 Profesora · Professor, UCV

LISETTE AVILA
1948 Nacida en · Born in Cojedes, Venezuela
1973 Titulada en arquitectura · Diploma in architecture, UCV, Caracas
1974 Maestría en restauración · Master in restoration, Churubusco, México DF
1974-75 Preparadora docente · Teacher trainer, UCV

PREMIOS Y DISTINCIONES
PRIZES AND DISTINCTIONS
1973 Mención honorífica · Honorary mention: UD3 viviendas · housing, Banco Obrero, Caricuao, Caracas, V Bienal de Caracas (E.Fontana)
1987 1er premio · 1st prize Arquitectura paisajista · Landscape architecture: Plaza del Sol y de la Luna, Central Hidroeléctrica Raúl Leoni, Guri, Venezuela, VIII Bienal de Caracas
1991 Proyecto seleccionado · Finalist project, V Biennale di Venezia
1998 Proyecto seleccionado · Finalist project, VI Premio Internacional Puente de Alcántara, Madrid

Esther Fontana, Lisette Avila

Cliente · Client: CVG-ELECTRIFICACIÓN DEL CARONI CA-EDELCA Colaboradores · Collaborators: MANUEL DELGADO, JOSÉ TORCAT, VICTOR ACOSTA Constructora · Construction company: CONSORCIO LA LLOVIZNA CA y contratistas menores · and other contractors Estructuras · Structures: DEPARTAMENTO DE ESTRUCTURAS, DIRECCIÓN DE PROYECTOS, CVG-EDELCA y sus asesores · and their consultants Instalaciones mecánicas, eléctricas y sanitarias · Mechanical, electrical and sanitary installations: DEPARTAMENTO DE ELECTROMECÁNICA, DIRECCIÓN DE PROYECTOS, CVG-EDELCA y sus asesores · and their assessors

OBRAS PRINCIPALES · MAJOR WORKS
1983 Vivienda unifamiliar · Single-family house, Cerro Verde, Caracas
1986 Plaza del Sol y de la Luna, Guri, (con · with M.Delgado)
1987 Residencias para solteros · Bachelor dwellings, Macagua
1989 Casa de mando de subestaciones eléctricas · Electricity substations control building: Estados Anzoategui, Miranda y Yaracuy, Venezuela (con · with M.Delgado)
1989 Cuartel Guardia Nacional · National Police barracks, Macagua (con · with M.Delgado, J.Torcat)

La arquitectura en la Central Hidroeléctrica 23 de enero-Macagua interviene integrando lo tecnológico, lo urbano y lo ecológico. Intenta interpretar con el diseño las exigencias de la ingeniería y a la vez ofrecer a la ciudad una edificación que enriquezca el paisaje. Armoniza, por sus proporciones, con la escala del entorno, contribuye decididamente a la preservación del Parque la Llovizna y extiende su radio de influencia a la ciudad para cumplir una doble función: la producción de energía eléctrica y la irradiación de nexos culturales.

La obra está constituida por: la Casa de Máquinas Macagua II, el Centro de Visitantes y la Plaza del Agua.

La Casa de Máquinas es un edificio de concreto armado, material que da continuidad y homogeneiza toda la obra, en el cual se diferencian: la sala de generadores, la sala de control y las áreas de oficinas. La intervención arquitectónica tuvo el propósito de dar solemnidad al lugar de la máquina generadora de electricidad evocando un templo, "el templo de la máquina".

El Centro de Visitantes se concibe como un cubo que surge en una excavación cilíndrica en la roca viva. Lo geométrico agudiza el contraste con la abrumadora y aleatoria naturaleza del lugar y con el resto del proyecto. Una plaza escalonada en forma de abanico, la Plaza del Agua, sirve de vínculo entre la naturaleza, la ciudad y lo tecnológico y facilita a los visitantes disfrutar del contraste en ese fascinante trinomio. Su trazado radial define el borde oeste del Complejo Hidroeléctrico. Dentro de ese mismo orden concéntrico y enmarcando el conjunto, se presenta una zona vegetal de especies locales escogidas.

El Centro de Visitantes (actual Eco-Museo del Caroní) alberga actividades para la conservación y difusión del patrimonio cultural e histórico de la región guayanesa. Las actividades de exhibición se desarrollan en un itinerario en sentido descendente periférico al espacio central. Se comunica con la casa de máquinas a través de un gran tubo que conecta las dos edificaciones y cuyas dimensiones son idénticas a las de la tubería forzada que conduce el agua en las entrañas de la presa hasta las turbinas generadoras de electricidad.

The architecture of the 23 de enero-Macagua Hydroeletric Power Station combines technological, urban and ecological aspects in an attempt to meet the requirements of engineering through design while offering the city a building that enriches the landscape. Its proportions are in keeping with the scale of the surroundings, it makes a decisive contribution to the preservation of the Park Llovizna and extends its radius of influence to the city to fulfil a twofold function: the production of electric power and the establishment of cultural links.

The work comprises the Macagua II Machine Building, the Visitors' Centre and the Plaza del Agua.

The Machine Building is a structure in reinforced concrete, a material that endows the entire work with continuity and homogeneity, and consists of the generator room, the control room and the office area. The underlying architectural idea here was to solemnise the site of the electricity generator by evoking a temple, the "temple of the machine".

The Visitors' Centre was conceived as a cube that emerges from a cylindrical excavation in the living rock. The geometry accentuates the contrast between the exuberant natural surroundings and the rest of the project. A terraced, fan-shaped plaza, the Plaza del Agua, serves as a link between nature, the city and technology and allows visitors to enjoy the contrasts in this fascinating trinomial. Its radial layout defines the western edge of the hydroelectric complex. The complex is framed by a concentric green zone of selected local plants.

The Visitors' Centre (now the Eco-Museo del Caroní) organises activities for the preservation and dissemination of the cultural and historical heritage of this region of Guayana. The exhibitions are arranged on a descending itinerary peripheral to the central space. The Centre and the Machine Building are connected by a huge tube, the dimensions of which are identical to those of the piping that conducts the water from the depths of the dam to the electricity generating turbines.

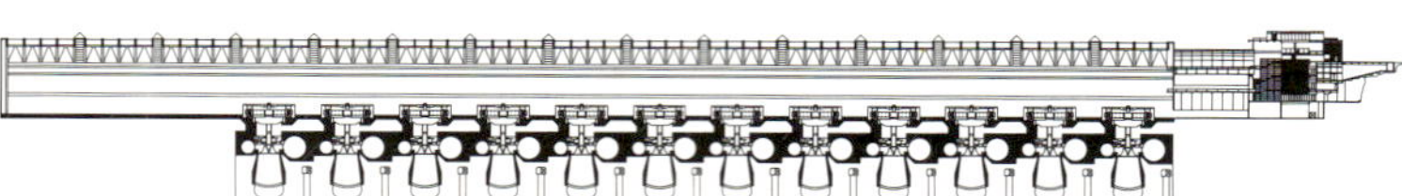

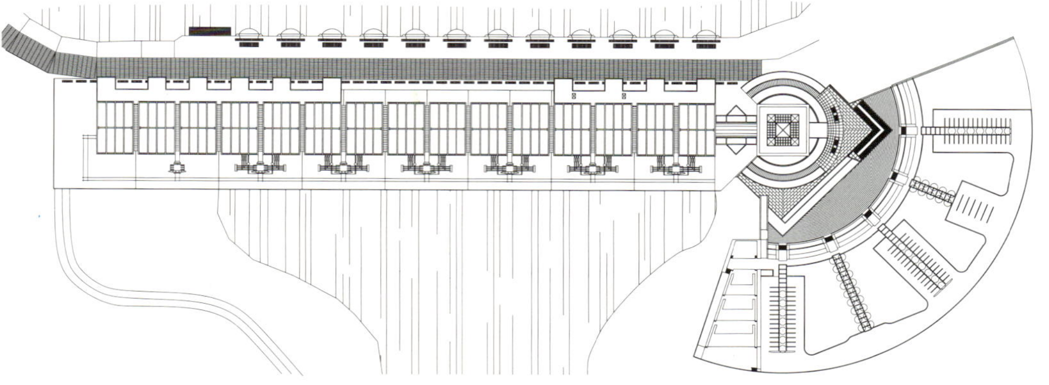

59.00
42.50
33.00
28.50
25.60
21.05
17.00
17.00
13.90
7.45
2.00

ENERGIA
FLUVIAL

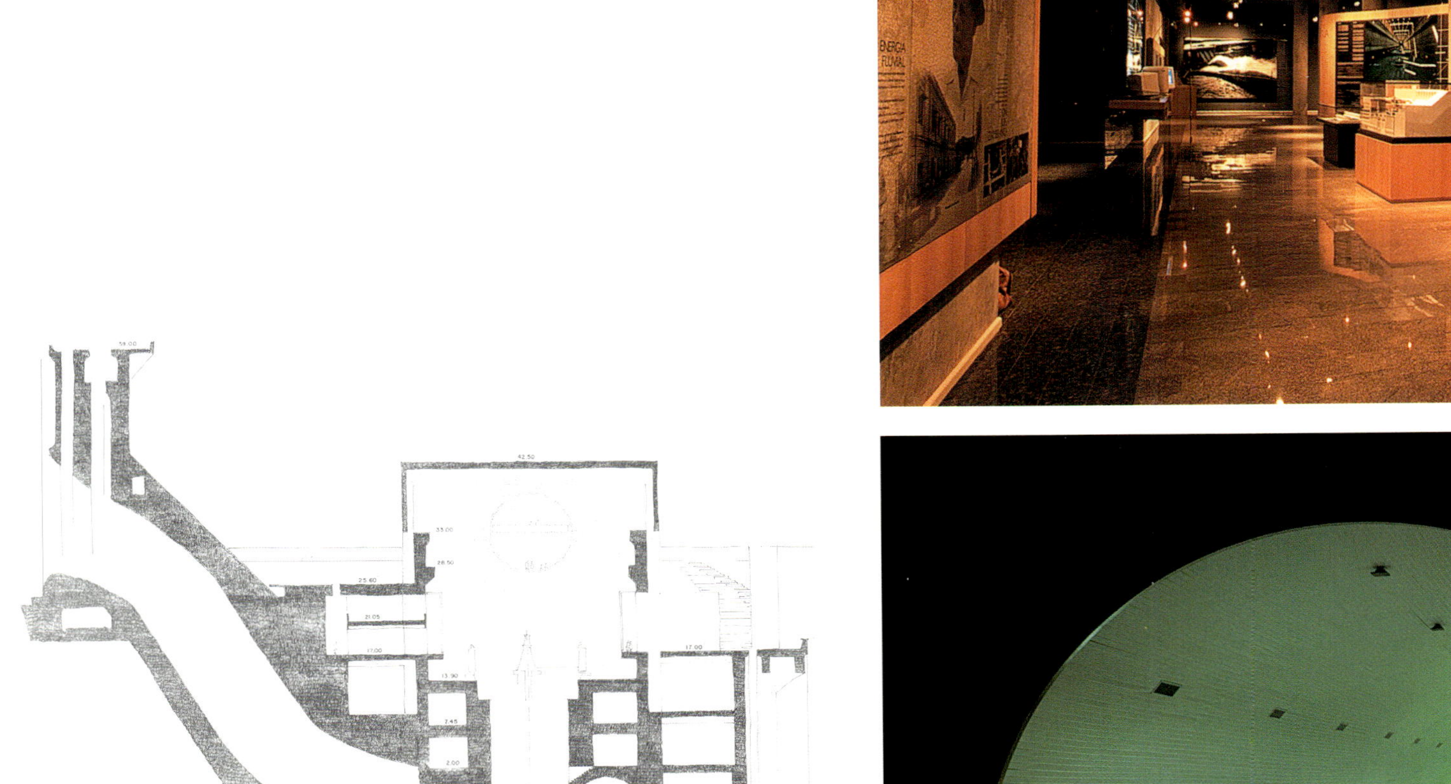

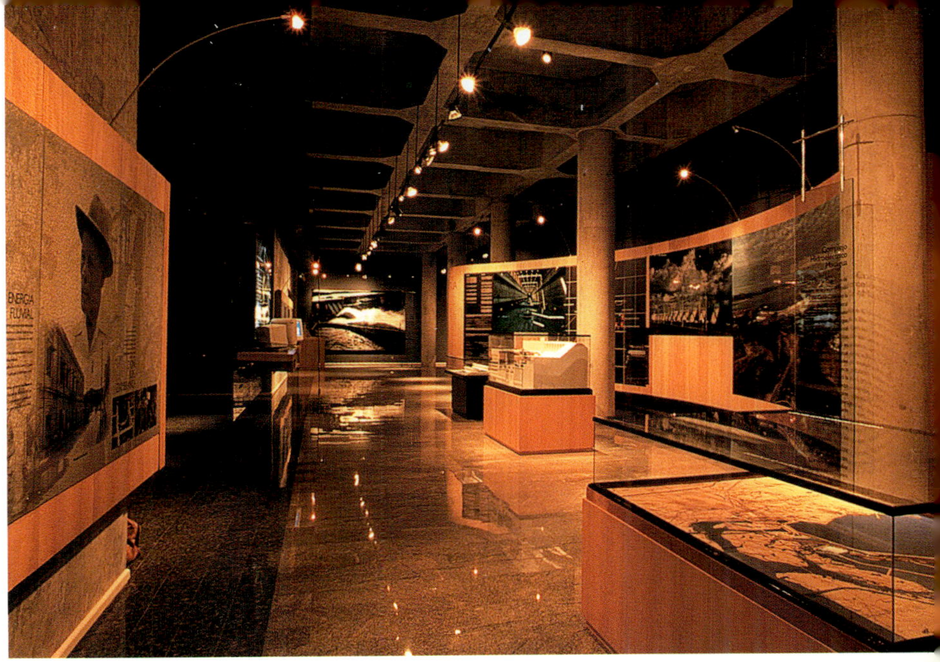

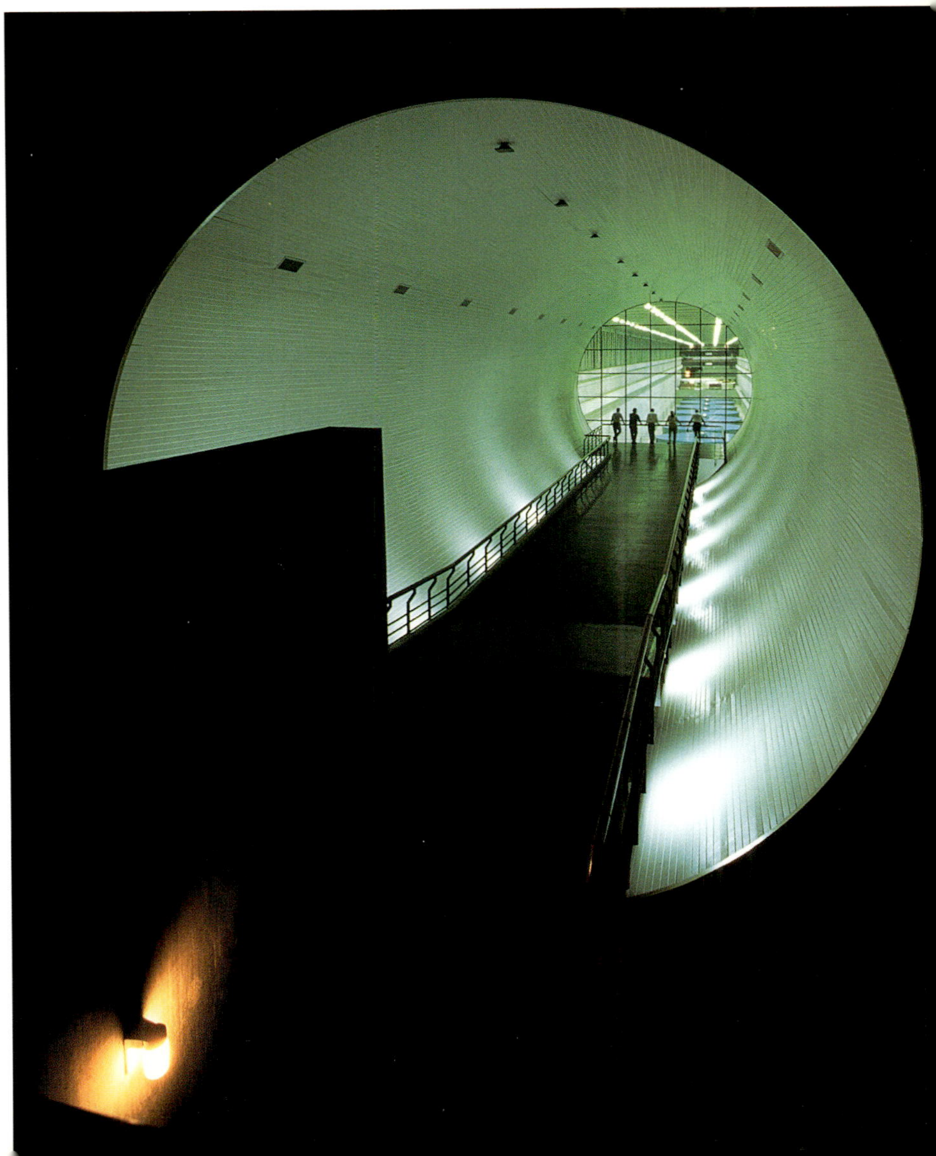

CASA EN LA BARRANCA MEROI-CHAUMET
MEROI-CHAUMET HOUSE IN THE BARRANCA

Arroyo Seco, Santa Fé, Argentina

RAFAEL IGLESIA
1952 Nacido en · Born in Concordia, Argentina
1981 Titulado en arquitectura · Diploma in architecture, Universidad Nacional de Rosario, Argentina

PREMIOS Y DISTINCIONES
PRIZES AND DISTINCTIONS
1989 1er premio · 1st prize: Casa Genera, Panteón Asturiano, Casa Vienna, II Bienal de Buenos Aires
1991 Medalla de plata · Silver medal, Premio a las voces emergentes · Prize for emerging voices, III Bienal de Buenos Aires

OBRAS PRINCIPALES · MAJOR WORKS
1992 Planta industrial Produmet, Concarán, Argentina
1994 Centro comercial Paseo Luzuriags, Villa Constitución, Argentina
1996 Casa en calle Juana Azurduy, Buenos Aires
1997 Guardería náutica · Boat warehouse M&M, Rosario
1998 Centro Integral Cardiovascular, Rosario

Rafael Iglesia

Cliente · Client: ANDREA MEROI Y MARIO CHAUMET   Constructora · Construction company: JÜÜL–ARTUSA   Consultores · Consultants: INGENIEROS BOLLERO–CAMPODÓNICO

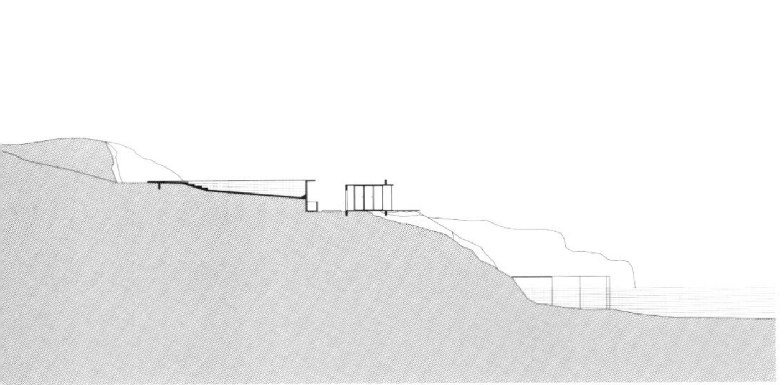

Acá la historia es breve y el espacio inmenso, somos más geográficos que históricos. La vastedad es nuestro medio. El paisaje es lo que nos hace paisanos.

Sobre el Paraná, el horizonte -que divide lo terrenal de lo divino- está delineado por un trazo grueso, a mano alzada.

El proyecto se desarrolla en cuatro niveles: el ingreso en contacto con la calle; un espacio verde que no deja ver lo que sucede unos metros más abajo; la piscina y el techo de la casa conformando el mayor espacio de uso y por debajo de éste, la casa, luego el muelle sobre el nivel del río.

El patio, entre la pared de la piscina y la casa, organiza el proyecto. Desde acá se sigue viendo el río a través de las paredes de vidrio, un ventanal con el espesor del espacio habitable que alberga. Este lugar es un reparo. En la cascada que define uno de sus lados, el agua desarrolla todo su potencial sobre los sentidos. No sólo se la puede ver, se escucha el sonido que provoca su caída, se huele el rocío sobre el césped y fundamentalmente, se siente el cambio de temperatura.

El edificio es la estructura y nada más que la estructura. Busco, como en mis últimos trabajos, hacer más compleja la descarga de fuerzas, trato de complicar el camino de la gravedad, esa línea imaginaria que une las cosas al suelo por el camino más corto. Las vigas se desplazan ya sea invirtiéndose para obtener un determinado encuadre del paisaje, o haciéndose presentes para proteger el lugar del sol del oeste o interviniendo en la escala del ambiente. Las vigas desfasadas, desde el interior complejizan la lectura de su estabilidad, y en el exterior, se aparean al horizonte.

La edificación no tiene más lenguajes que lo que la sustenta, es como son nuestros pueblos en la inmensidad del territorio: un aerolito caído del cielo, una roca tirada en el campo.

Here history is short and space immense; we are more geographical than historical. Vastness is our environment. It is the landscape that makes us fellow countrymen.

On the Paraná the horizon —which divides the earthly from the celestial— is defined by a thick line higher than a raised hand.

The house is built on four levels: the street-level entrance; a green zone that conceals what is happening a few metres below; the swimming pool; and the roof, which constitutes the largest living space. Below this, the house, and further down the riverside wharf.

The patio, between the swimming pool wall and the house, is the project's focal point. From here the river can still be seen through the glass walls, which constitute a huge window as wide as the living space behind. This house is a pool pavilion. All the potential of water is perceived by the senses from the cascade that defines one of its sides. It is not only seen but heard as it falls; its spray is smelt on the lawn and, above all, one senses the change of temperature.

The building is pure structure. As in other recent works of mine, here I seek to make the discharge of forces more complex, to complicate the path of gravity, that imaginary line that links things to the earth by the shortest possible route. The beams are displaced: either inverted to frame the landscape in a particular way, or placed to protect the building from the western sun and modify scale. The displaced beams complicate our perception of stability from the inside, while on the outside they meld with the horizon.

The building's only language is the one that sustains it. It is like our towns and villages in the vastness of the terrain: a meteorite fallen from the sky, a rock thrown into a field.

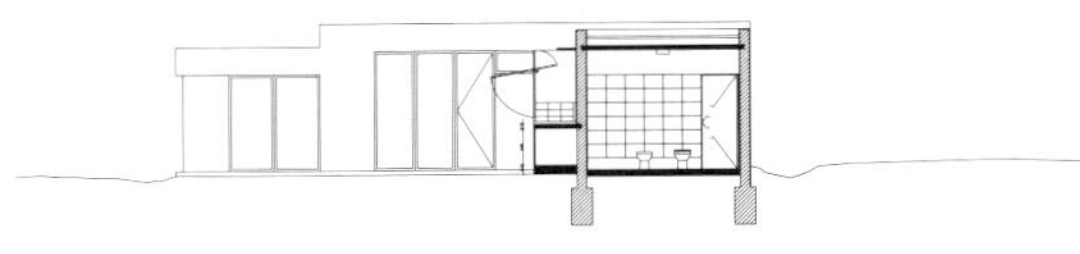

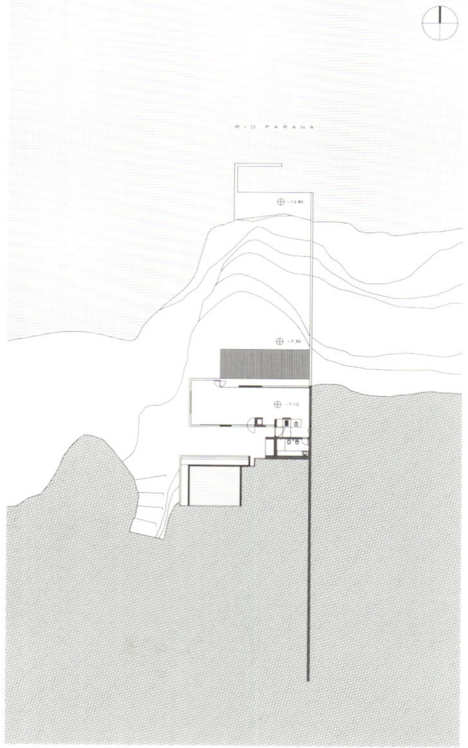
RIO PARANA

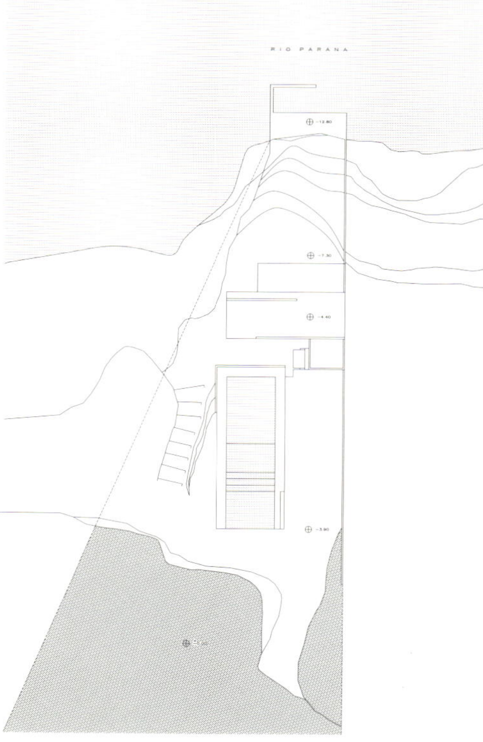
RIO PARANA

EDIFICIO MANANTIALES
MANANTIALES BUILDING Santiago, Chile

1984 Estudio Izquierdo-Lehmann
establecido en · established in Santiago
de Chile

LUIS IZQUIERDO
1954 Nacido en · Born in Santiago de
Chile
1980 Titulado en arquitectura · Diploma
in architecture, Pontificia Universidad
Católica de Chile (PUC de Ch), Santiago

ANTONIA LEHMANN
1955 Nacida en · Born in Santiago de
Chile
1982 Titulada en arquitectura · Diploma
in architecture, PUC de Ch, Santiago

RAIMUNDO LIRA
1952 Nacido en · Born in Santiago
de Chile
1976 Titulado en arquitectura · Diploma
in architecture, PUC de Ch, Santiago
1977-79 Profesor ayudante · Assistant
professor, PUC de Ch, Santiago
1999 Profesor · Professor, Universidad
Nacional Andrés Bello (UNAB), Santiago

JOSÉ D. PEÑAFIEL
1950 Nacido en · Born in Santiago
de Chile
1974 Titulado en arquitectura · Diploma
in architecture, PUC de Ch, Santiago
1976-77 Profesor ayudante · Assistant
professor, PUC de Ch, Santiago
1998 Profesor · Professor, PUC de Ch,
Santiago

Luis Izquierdo, Antonia Lehmann, Raimundo Lira, José D. Peñafiel

Cliente · Client: CONSTRUCTORA MANANTIALES Colaborador · Collaborator: MIGUEL VILLEGAS G. Constructora · Building contractor: SIGRO SA Ingeniero calculista · Calculations engineer: LUIS SOLER P. Y ASOCIADOS Ingeniero climatización · Air-conditioning: CINTEC SA Ingeniería eléctrica · Electrical engineering: FLEISCHMANN SA Ingeniería de instalaciones sanitarias · Sanitary installations: KENETH PAGE DA Ingeniero seguridad · Security: OVALLE Y CIA. LIMITADA

El volumen del edificio se compone de una torre de 17 pisos con forma de paralelepípedo regular, cayendo al suelo en la esquina abierta a la plaza que lo enfrenta, y abrazada por un volumen más bajo y cerrado, de 10 pisos.

El núcleo de circulación vertical está en la crujía interior de las plantas grandes, que coinciden con la crujía del lado oriente de las plantas más chicas en el volumen superior, quedando abierto el tramo superior de las escaleras. El acceso principal es por la esquina, por un pórtico de doble altura que entra a un hall de proporción cúbica.

Las plantas se componen de áreas despejadas de elementos estructurales. Las losas, postensadas, salvan grandes luces sin vigas. Las fachadas de la torre muestran la superposición de pisos abiertos a la luz natural y a las vistas lejanas con ventanales corridos. Los antepechos son vigas invertidas soportadas por la mínima repartición de pilares cilíndricos. Los cristales de alto rendimiento permiten el control térmico sin necesidad de quiebrasoles. El interés del volumen arquitectónico está en la solución y expresividad de la estructura, expuesta al colocarse por fuera de la piel de cerramiento.

La dificultad estructural resultante del descalce de las plantas de la torre respecto de las plantas de estacionamientos subterráneos, compuestas y dimensionadas según sus propias leyes específicas, que coinciden sólo en la ubicación de la caja de ascensores, se resuelve en las plantas del primer y segundo piso.

El diseño de las fachadas corresponde a la ecualización de las rigideces de un volumen asimétrico, realizado mediante un proceso interactivo con el cálculo estructural tendiente a emparejar las cargas de los pilares cilíndricos que tienen igual sección y similar resistencia. La estructura del edificio es de hormigón armado y se dejó a la vista en vigas y pilares, mientras que los muros se revistieron en granito gris.

Al proyectar esta obra buscamos hacer otra vez el paso sin atajos de lo útil, por lo verdadero, a lo bello, según el aforismo de Goethe, para que, fiel a las circunstancias reales de las que surge, y no a iconos estereotipados, pudiera contribuir a forjar nuestra propia identidad.

The building consists of a 17-storey tower in the form of a regular parallelepiped that cascades to the ground at the corner open to the plaza opposite, and is embraced by a lower, closed 10-floor volume.

The nucleus of vertical circulation stands in the interior bay of the large floors, which coincides with the bay on the east side of the smaller floors in the upper volume, open to the top stretch of the staircase. The main entrance, in the form of a double-height portico, is at the corner, and provides access to a cubic hall.

The floors are open-plan, devoid of any structural elements. Post-tensed slabs cross wide beamless spans. The tower façades reveal the superimposition of floors whose continuous windows allow natural light to penetrate and provide views of the distant landscape. The ledges are inverted beams resting on a minimum number of cylindrical pillars. The tempered glass makes temperature control possible without the need for brise-soleils. The architectural interest lies in the expressiveness of the structure, which is exposed outside the building's skin.

The structural problems arising from the displacement of the tower floors with regard to the floors of the underground car park, whose composition and dimensions obey their own specific laws, and which coincide only at the elevator shaft, are solved on the first and second floors.

The design of the façades, fruit of an interactive process in which structural calculation counterbalances the thrusts of the cylindrical pillars of identical section and similar strength, was conceived to offset the rigidity of an asymmetrical volume. The building structure is of reinforced concrete left visible in beams and pillars, while the walls are clad in grey granite.

When designing this project we sought once again to make the direct transition from the useful, via the genuine, to the beautiful, in accordance with Goethe's aphorism, so that, true to real circumstances rather than to stereotypes, it might help to forge our identity.

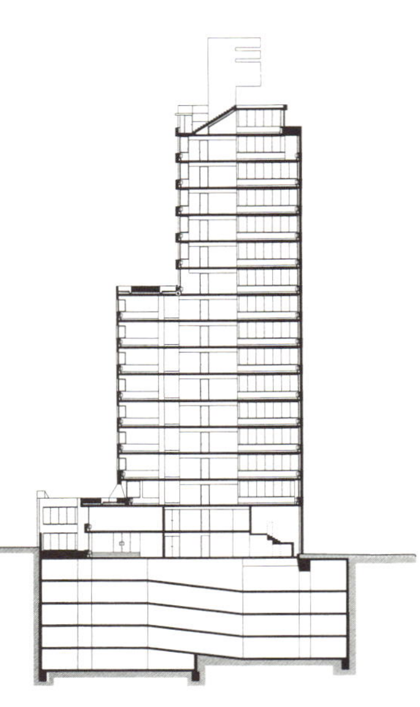

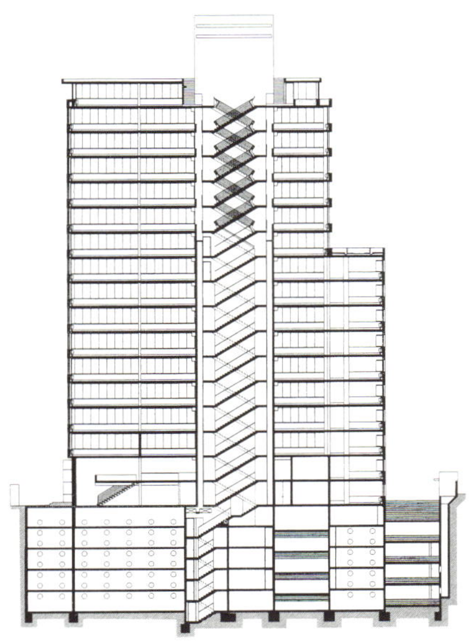

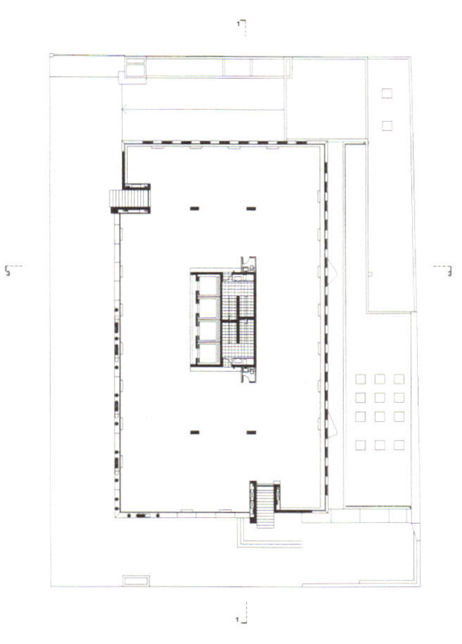
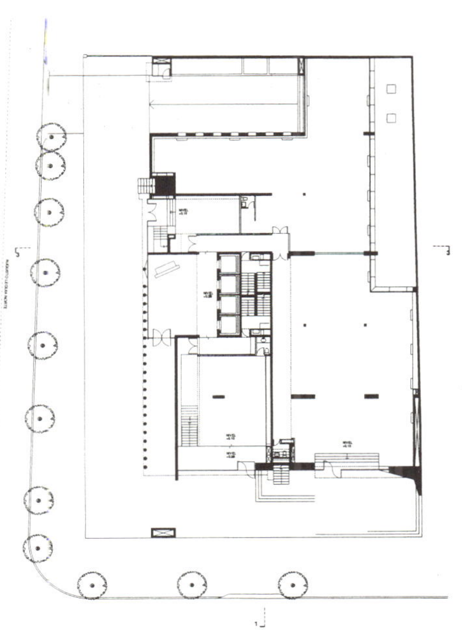

CASA NEGRO
NEGRO HOUSE Contadero, México DF, México

Alberto Kalach, Daniel Álvarez

Cliente · Client: ALEJANDRO GONZÁLEZ Colaboradores · Collaborators: GUSTAVO LIPKAU, ROSA LÓPEZ

ALBERTO KALACH
1960 Nacido en · Born in México DF
1981 Titulado en arquitectura · Diploma in architecture, Universidad Iberoamericana (UI) México DF
1983 Estudios de posgrado en arquitectura · Posgraduate studies in architecture, Cornell University, New York
1997 Coordinador · Coordinator, Taller Ciudad de México, Universidad Autónoma de México, México DF
1998 Elliot Noyes Chair, GSD, Harvard University, Cambridge
1999 Profesor visitante · Visiting professor, Universidad Politécnica de Puerto Rico, San Juan

DANIEL ÁLVAREZ
1960 Nacido en · Born in México DF
1981 Titulado en arquitectura · Diploma in architecture, UI, México DF

PRINCIPALES CONCURSOS
MAJOR COMPETITIONS
1985 2o premio · 2nd prize, 71st Paris Prize: Escuela de Arte, Columbus, Indiana (A.Kalach)
1989 1er, 3er y 6o lugar · 1st, 3rd and 6th place: Concurso Nacional del centro urbano de Chalco, México (A.Kalach, D.Álvarez con · with E.Albín, A.Elizondo, F.Vasconcelos)
1990 1er premio · 1st prize, Concurso Nacional de Vivienda: Fividesu, Ixtapalapa, México DF
1996 1er premio · 1st prize: Colegio alemán · German school A.von Humboldt, Puebla, México (A.Kalach, D.Álvarez, con · with F.Bautista, F.Buendía)
1999 2o premio · 2nd prize, Concurso Nacional: Rehabilitación del Zócalo, México DF (A.Kalach con · with J.M.Buendía, F.Buendía, A.Oliver, P.Lavalle)

PREMIOS Y DISTINCIONES
PRIZES AND DISTINCTIONS
1992 Beca jóvenes creadores · Young
creators' scholarship, Fondo Nacional
para la Cultura y las Artes, México DF
(A.Kalach)
Desde · Since 1997 Beca creadores
intelectuales · Intellectual creators'
scholarship, Fondo Nacional para la
Cultura y las Artes, México DF (A.Kalach)

OBRAS PRINCIPALES · MAJOR WORKS
1993 Edificio · Building Rodin,
México DF (A. Kalach, D.Álvarez
con · with A.Araño, F.Buendía,
S.Ferreiro, A.León)
1998 Edificio Adolf, México, DF
(A.Kalach, D.Álvarez con · with
A.Araño, R.López)
1999 Edificio Parroquia, México DF
(A.Kalach con · with F.Buendía)
1999 Faro Oriente, México DF
(A.Kalach, D.Álvarez con · with, A.Araño,
J.González, W.Lingard, R.López)
1999 Casa en Tepoztlan, México
(D. Álvarez)

En la zona poniente de la Ciudad de México, sobre una ladera sur densamente
habitada por encinos y tepozanes, hemos visualizado cuatro estructuras habitables
en forma de largas plataformas flotando en el paisaje. Tres de ellas se desplantan
sobre veredas preexistentes, donde la presencia de los árboles es menos densa y
la topografía más suave, buscando siempre las mejores vistas hacia la cañada.
Pretendiendo perturbar lo menos posible el entorno, las plataformas siguen la
dirección de las veredas naturales y sus cimentaciones se reducen y encajan en el
terreno, evitando así importantes muros de contención y la afectación de las raíces
de los árboles más próximos. Estas cimentaciones son además grandes cisternas
que buscan la autosuficiencia de agua durante todo el año, almacenando las aguas
pluviales conducidas desde azoteas y patios.
Las estructuras son así, consecuentes con la topografía, vegetación y orientación,
organizando de manera simple y directa, todos los espacios. Cada una guarda sus
propios ritmos y proporciones acordes con su función, sin renunciar a la unidad que
consigue el planteamiento topográfico-estructural.
El concreto, acero, madera y cristal, se ensamblan buscando la unidad entre espacio,
forma y estructura. Los muros de concreto ligeramente coloreados combinados con la
rugosidad del tepetate, las fachadas de mármol, acero y vidrio, los pisos de cantera,
madera y agua, otorgan el juego de texturas y reflejos de los distintos cuerpos que se
entremezclan con el paisaje natural.

In the western zone of Mexico City, on a south-facing slope densely populated by
evergreen oaks and tepozanes, four habitable structures were visualised in the form
of long platforms floating over the landscape. Three of them stand on existing paths,
where the trees are sparser and the topography gentler, and enjoy the best views over
the valley.
In an endeavour to disturb the landscape as little as possible, the platforms follow the
direction of the natural paths and their foundations are reduced to the minimum to fit
into the land, thus obviating the need for big containing walls and leaving the roots of
the nearby trees untouched. These foundations are also big cisterns, designed to make
the house self-sufficient in terms of water all year round by collecting rainwater from
the roofs and patios.
The structures are therefore in keeping with the terrain, vegetation and orientation,
and all the spaces are arranged in a simple, direct way. Each one has its own rhythms
and proportions according to its function without detracting from the overall
topographical and structural unity.
Concrete, steel, timber and glass are combined in pursuit of unity between space, form
and structure. The slightly coloured concrete walls in combination with the roughness
of limestone, the façades of marble, steel and glass, the flooring of stone, wood and
water set up an interplay of textures and reflections between the different bodies that
meld with the natural landscape.

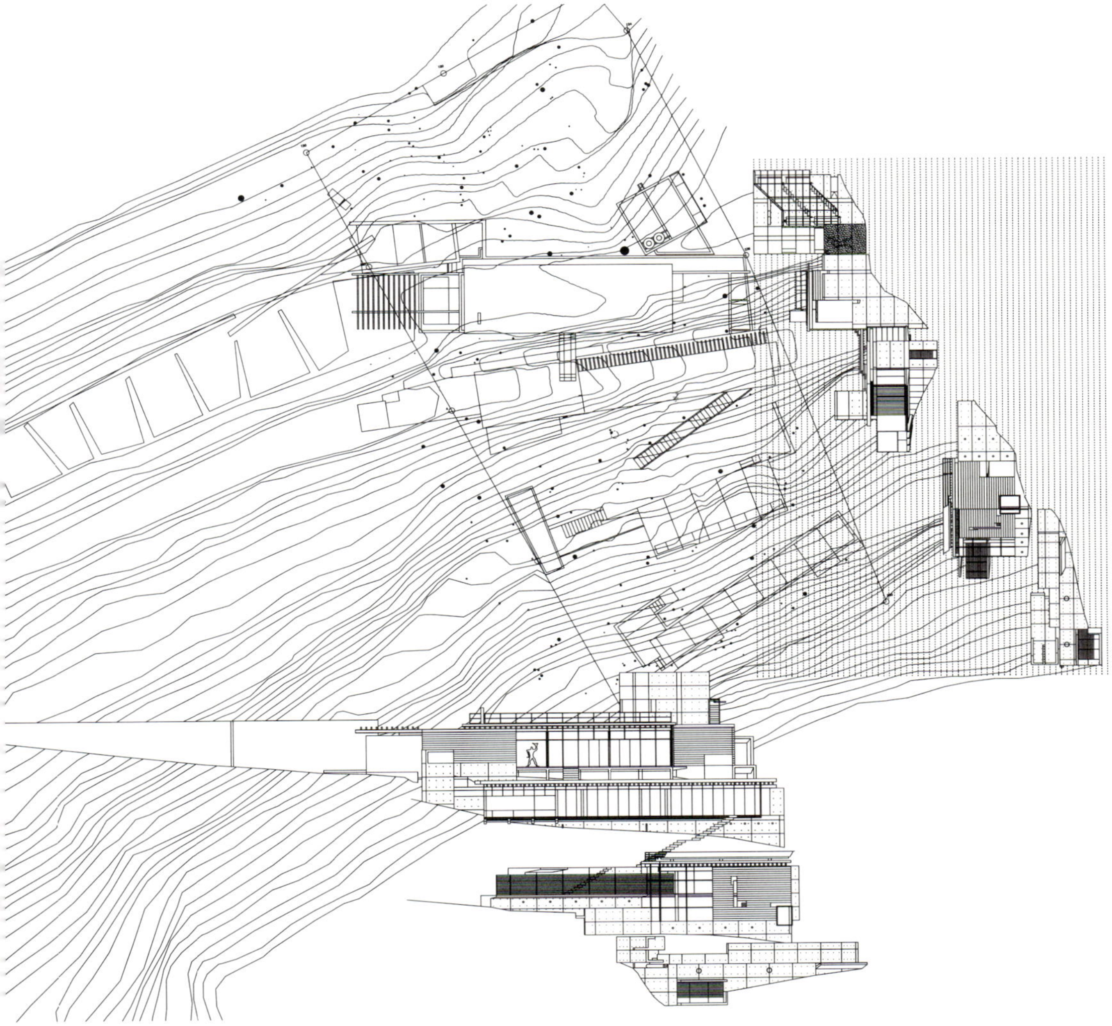

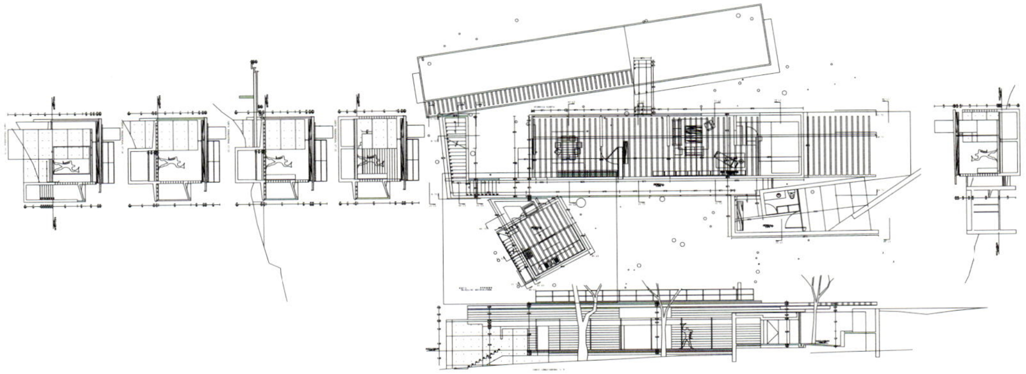

CASA REUTTER
REUTTER HOUSE Cantagua, Chile

Mathias Klotz

MATHIAS KLOTZ
1965 Nacido en · Born in Viña del Mar, Chile
1991 Titulado en arquitectura · Diploma in architecture, Pontificia Universidad Católica de Chile (PUC de Ch), Santiago
1996-98 Profesor · Professor, Universidad Central, Santiago
Desde · Since 1996 Profesor · Professor, Universidad Federico Santa María, Valparaíso, Chile
1997-99 Profesor · Professor, PUC de Ch

PRINCIPALES CONCURSOS
MAJOR COMPETITIONS
1996 1er premio · 1st prize: Hotel Terrantai, San Pedro de Atacama, Chile
1996 3er premio · 3rd prize: Ruinas de Huanchaca, Antofagasta, Chile
1999 1er premio · 1st prize: Colegio · School Altamira, Santiago

PREMIOS Y DISTINCIONES
PRIZES AND DISTINCTIONS
1995 1er premio · 1st prize: Casa Müller, X Bienal de Santiago
1995 Premio mejor arquitecto menos de 40 años · Award to the best architect under 40, Colegio de Arquitectos de Chile
1998 Finalista · Finalist: Casa Müller, 1er Premio Mies van der Rohe de Arquitectura Latinoamericana

OBRAS PRINCIPALES · MAJOR WORKS
1991 Casa Klotz, Tongoy, Chile
1994 Casa Müller, Chiloé, Chile
1995 Casa Ugarte, Maitencillo, Chile
1998 Edificio · Building Pizarras Ibéricas, Huechuraba, Chile
1999 Bodega de vinos · Winery Las Niñas, Santa Cruz, Chile

Cliente · Client: JUAN REUTTER Colaboradores · Collaborators: LILIANA SILVA Constructora · Construction company: ESTRUCTURAS CORDILLERA Ingeniería estructural · Structural engineer: PATRICIO STAGNO
Ingeniería eléctrica · Electrical engineer: MARCO PIÑA Ingeniería hidráulica · Hydraulic engineer: CÉSAR PALOMERO

La Casa Reutter es una casa de veraneo ubicada en la ladera de un bosque de pinos sobre la playa de Cachagua, 140 km al norte de Santiago de Chile.

Se trata de una segunda casa fuera de la ciudad para uso de fin de semana y vacaciones. El terreno presentaba un desnivel entre dos calles, el cual, es aprovechado para partir de la cota superior como nivel de acceso a través de un puente, situando la casa entre los árboles de modo de ganar las mejores vistas sobre la costa, e independizar la construcción liberando el terreno.

El proyecto consiste en dos volúmenes rectangulares apoyados sobre una quilla, elevando el espacio habitable 4 metros sobre el nivel del terreno.

El volumen mayor contiene el programa de espacios públicos, en tanto que en el menor se encuentran las habitaciones y los baños.

Un tercer volumen de hormigón armado atraviesa el espacio principal, constituyendo un núcleo que alberga el dormitorio de servicio y lavandería en el primer piso; cocina y sala de televisión en el segundo; y estudio en el tercero.

La casa está situada entre dos calles con una pendiente de 30 grados entre ambas, y gran cantidad de pinos por el borde norte, se eleva y marca la horizontal, accediendo a través de un puente de 30 metros de longitud, que va literalmente trepando los pinos. Se llega al techo de la casa que es una gran terraza desde la que se baja a la terraza del estar, para luego ingresar a la casa.

La materialidad de la casa es mixta. La base es un muro de hormigón armado que sostiene una losa. Sobre los dos volúmenes en volado son resueltos en estructura metálica, forrada en madera de alerce el mayor y en cobre el menor, de modo de integrar esta "casa en los árboles" en su contexto natural.

Estos materiales fueron seleccionados para ir envejeciendo en el tiempo y aprovechar sus óxidos, ya que la madera se tornará gris y el cobre se irá poniendo verdoso.

Interiormente el material predominante es placa de madera aglomerada en muros de dormitorios y cristal en el espacio público.

Los cielos son en ambos casos de placa contrachapada de madera y los pisos son de placa en los dormitorios y de pastelones de cemento en el espacio público.

La Casa Reutter es un ejercicio de equilibrios y tensiones tanto estructurales como programáticas, llevando las relaciones al límite.

The Reutter House is a weekend and holiday home on the edge of a pine wood behind Cachagua beach, 140 km north of Santiago de Chile.

Advantage was taken of the fact that the terrain slopes between two streets to use the top level as the entrance by means of a bridge, placing the house among trees in order to obtain the best views of the coast and raise the structure above the ground. The project consists of two rectangular volumes resting on a keel. The living space is raised 4 metres above ground.

The larger of the two volumes contains the public spaces, while the smaller accommodates the bedrooms and bathrooms.

A third reinforced concrete volume traverses the main structure, constituting a nucleus that accommodates the service bedroom and washroom on the first floor, kitchen and television room on the second, and a study on the third.

The house stands between two streets with a 30 degree gradient between both and a great number of pines on the northern edge. The house rises and marks the horizontal. Access is by means of a 30-metre-long bridge that literally climbs through the pines.

The bridge reaches the roof, which is a large terrace from which one descends to the living-room terrace, from which access to the house is gained.

A number of different materials were used. The base is a reinforced concrete wall that supports a slab. The two cantilevered structures are metallic, the larger one clad in larch wood and the smaller one in copper, in order to integrate this "house among the trees" into its natural surroundings.

These materials were chosen so that they would age and oxidise with time. The wood will turn grey and the copper will acquire a greenish patina.

Inside, the predominant materials are plywood on the bedroom walls and glass in the public space.

The ceilings are plywood in both cases and the flooring is plywood in the bedrooms and large cement paving stones in the public space.

The Reutter House is an exercise of balance and tensions, both structural and conceptual, in which relationships are stretched to the limit.

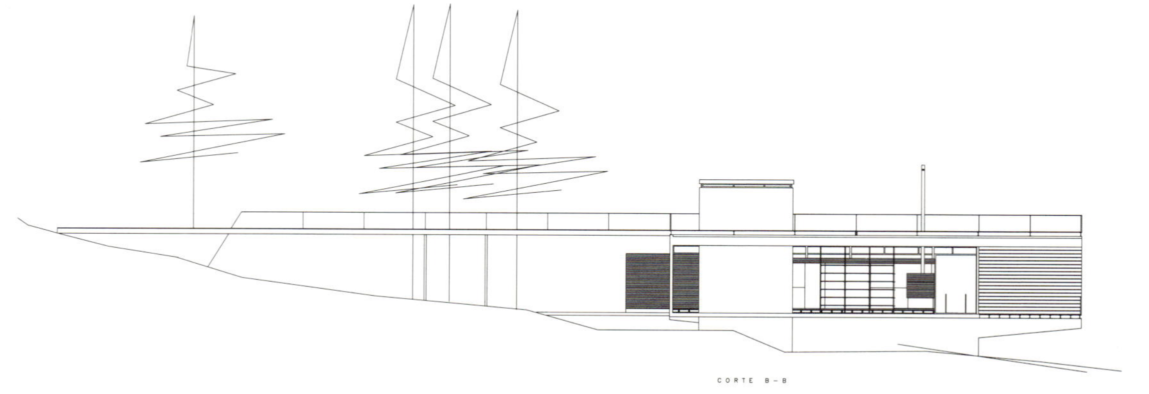

CORTE B-B

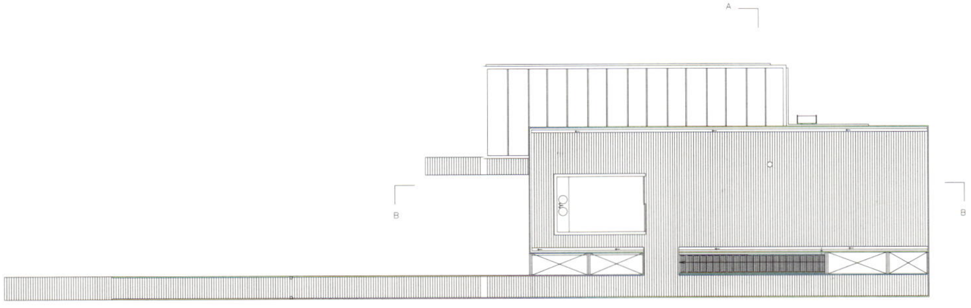

PLANTA ACCESO

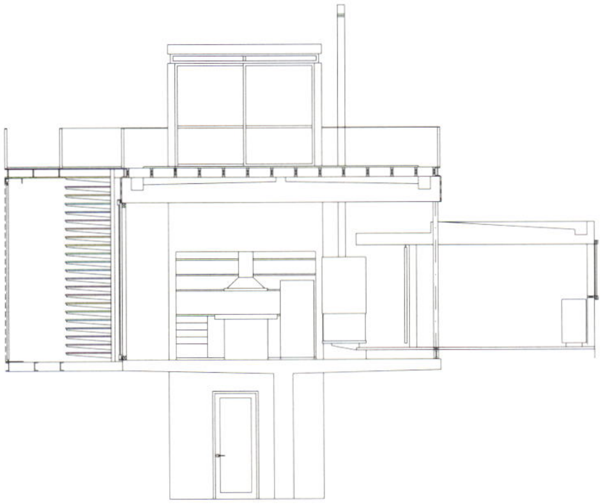

CORTE A-A

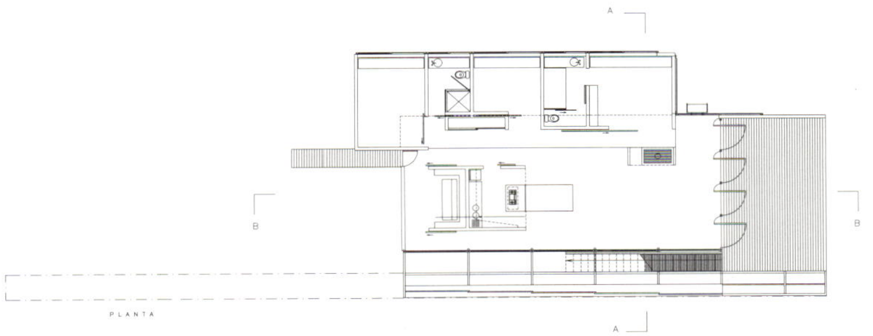

PLANTA

0 1 2 3 4 5   10

CASA EN PLAYA BONITA
HOUSE IN PLAYA BONITA — Lima, Perú

ALEXIA LEÓN ANGELL
1970 Nacida en · Born in Lima
1992 Titulada en arquitectura · Diploma in architecture, Universidad Ricardo Palma (URP), Lima
1993-95 Profesora ayudante · Assistant professor, URP

PRINCIPALES PREMIOS · MAJOR PRIZES
1998 Proyecto finalista · Finalist project: Casa en Playa Bonita, I Bienal Iberoamericana de Arquitectura e Ingeniería Civil, Madrid

OBRAS PRINCIPALES · MAJOR WORKS
1999 Remodelación departamento · Apartment renovation, Majluf, Lima

Alexia León Angell

Cliente · Client: MARIO MORI CASTRO Colaboradores · Collaborators: GERMÁN BEINGOLEA Constructora · Construction company: MAESTRO SANTOS PALACIOS
Ingeniería estructural · Structural engineer: JAVIER MARTÍN ARRANZ Ingeniería eléctrica · Electrical engineer: FELIPE DEL RISCO Ingeniería sanitaria · Sanitary engineer: ENRIQUE BASTANTE
Proveedores · Suppliers: ARQUETIPO SA, CÁNEPA VIDRIOS, LIGHT AND HARDWARE, ACEROS MARCHAND

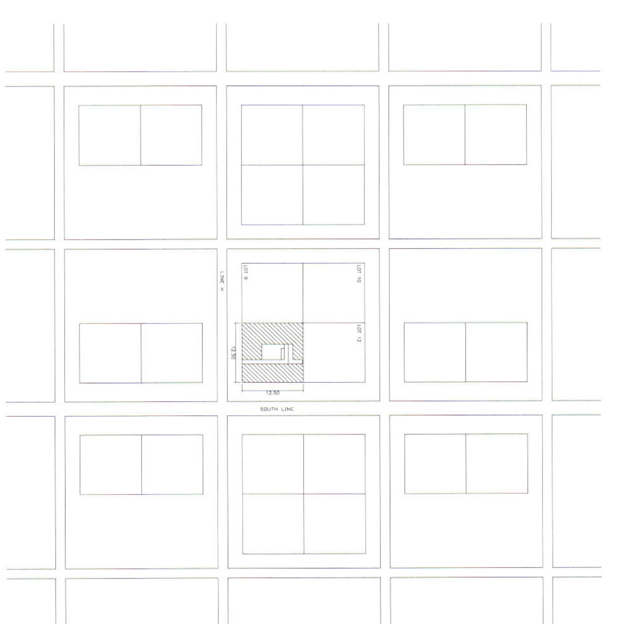

Esta casa, núcleo y patrón del crecimiento de la costa sur, plantea crear una huella en el desierto, un nuevo orden que construya una relación estrecha entre la gente y su territorio, un hogar para el habitante, generando un espacio de intimidad en medio de un paisaje definido por su vastedad, ocupando este desierto sin despojarlo de su naturaleza intrínseca de vacío.

El lote pertenece a una cuadrícula regular: una trama de lotes llenos y libres, veredas y retiros que fugan hacia el mar y hacia los cerros elevados, conteniéndose a los lados por urbanizaciones de playas vecinas y paralelas. La casa pertenece a un bloque de cuatro lotes cuadrados iguales. Se ubica en esquina exponiendo dos de sus frentes.

El volumen de planta cuadrada de 12.5 x 12.5 metros, está definido por tres bloques que organizan las funciones del dueño: dos paralelos, uno social al norte y otro de descanso al sur y uno transversal de servicio. Estos bloques contienen un patio hundido que articula las funciones de la casa, atrayendo y dispersando la luz diagonalmente por su interior, protegiendo la secuencia del viento en el vacío.

Este patio, que orienta horizontal y verticalmente, está rodeado por un cinturón de diferente espesor que funciona inicialmente como vereda-escalera que atraviesa el ingreso (una incisión vertical acentuada con un cristal) y conduce a la terraza que mira a lo lejos el mar. El gesto ascendente se completa en su reflejo en la mampara de cristal templado, ubicada en su centro. Por último, se tiene un elemento vertical que contiene en dos niveles las funciones de lavadero y parrilla que regula este movimiento.

En este todo construido se utilizan métodos reconocibles tanto para el maestro cómo para los albañiles locales, así como materiales comunes de bajo costo manejados en estrecha relación con el clima de la costa y con la lógica de la casa.

This house, a nucleus and model of development on the south coast, is designed to make a statement in the desert, a new order that establishes a close relationship between people and their land, a home for the occupier, creating a space of privacy in the midst of a vast landscape and occupying the desert without detriment to its intrinsic nature as the void.

The plot forms part of a regular grid: a network of both occupied and vacant lots, paths and secluded spots that stretch toward the sea and the high mountains, delimited on both sides by the parallel housing complexes on neighbouring beaches. The house belongs to a block of four identical square lots and stands on a corner, with two of its facades exposed to view.

The square 12.5 x 12.5-metre ground plan is divided into three blocks, each of which performs a different function: two lie parallel —the social block to the north and the block for rest and privacy to the south—, while the third, services block is transversal. These surround a sunken patio that articulates the functions of the house, attracts and disperses the light diagonally through the interior, and protects the sequence from the desert wind.

This patio, oriented horizontally and vertically, is surrounded by a belt of different thicknesses that functions basically as a path-staircase that passes through the entrance (a vertical incision accentuated by a pane of glass) and leads to the terrace that looks toward the sea in the distance. This ascending movement is reflected in the tempered glass screen, which stands in the middle. Lastly, a vertical, two-storey element contains the washroom and grille that regulates this movement.

For the construction of the house, methods were used that both master builders and local masons would recognise, alongside common, low-cost materials suitable for the coastal climate and closely related to the logic of the building.

CORTE A–A

CORTE 2–2

CORTE B–B

CORTE 3–3

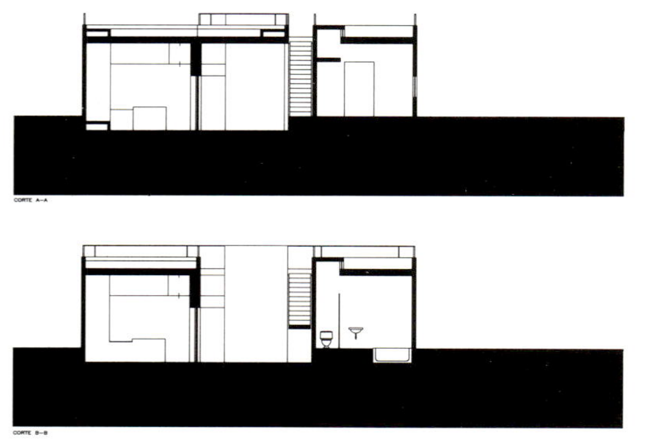

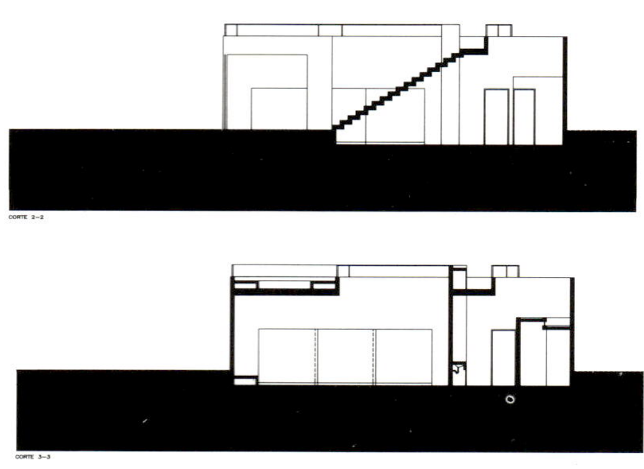

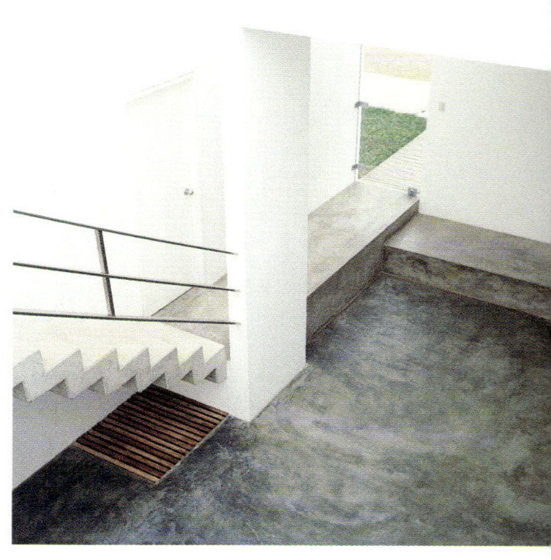

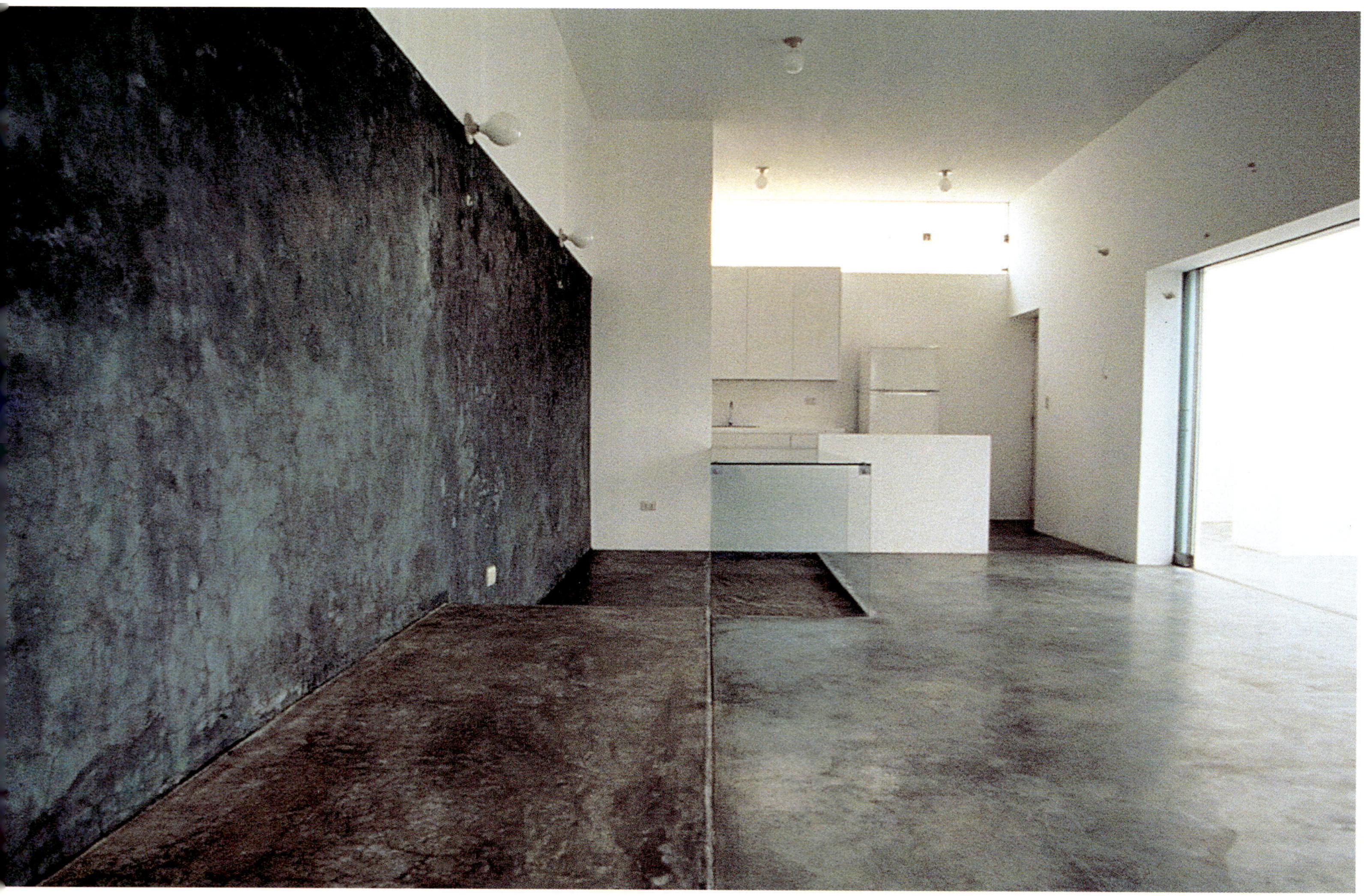

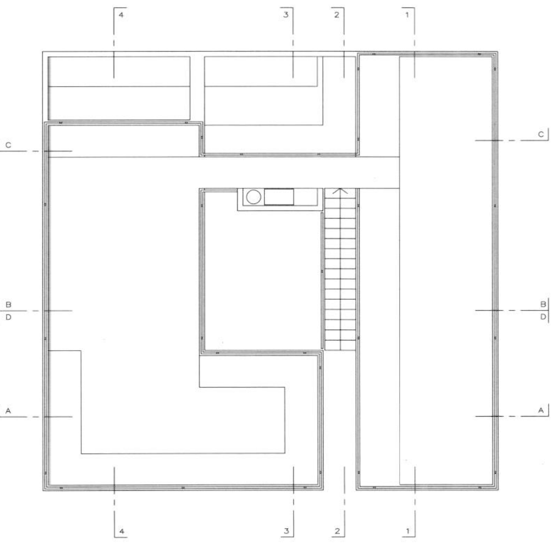

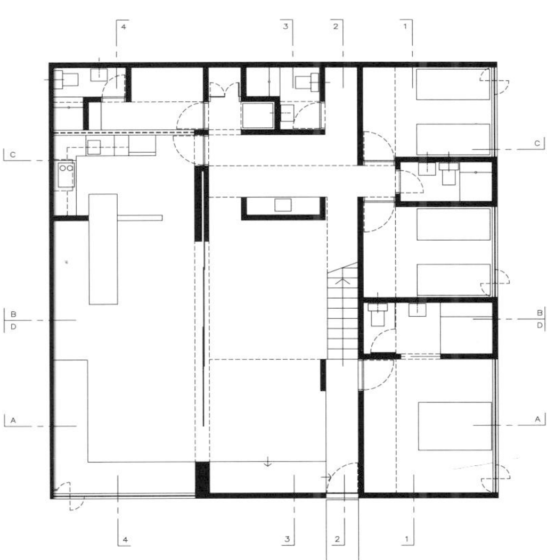

CENTRO CULTURAL FIESP
FIESP CULTURAL CENTRE São Paulo, Brasil

PAULO MENDES DA ROCHA
1928 Nacido en · Born in Puerto de Vitória, Brasil
1954 Titulado en arquitectura y urbanismo · Diploma in architecture and urbanism, Universidade Mackenzie, São Paulo
1961-98 Profesor · Professor, Universidade de São Paulo (FAU-USP)

PRINCIPALES CONCURSOS
MAJOR COMPETITIONS
1969 1er premio · 1st prize, Pabellón de Brasil, Expo 70, Osaka, Japón · Japan
1971 Proyecto seleccionado, concurso internacional · Selected project, international competition: Museo y biblioteca · Museum and library, París

PREMIOS Y DISTINCIONES
PRIZES AND DISTINCTIONS
1961 Gran Premio · Grand Prize Presidente de la República: Gimnasio cubierto Club Atlético Paulista · Paulista Club Gymnasium, VI Bienal de São Paulo
1995 Gran Premio Latinoamericano: Museo Brasileño de Escultura · Brazilian Museum of Sculpture, X Bienal de Santiago de Chile
1998 Premio: Ministerio de Cultura, Brasília
1998 Premio trayectoria profesional · Prize for professional acheivements Exequo, I Bienal Iberoamericana de Arquitectura e Engenieria Civil, Madrid: por el conjunto de la obra · for body of work
1998 Finalista · Finalist: Museo Brasileño de Escultura, 1er premio Mies van der Rohe de Arquitectura Latinoamericana

Paulo Mendes da Rocha

Cliente · Client: FEDERAÇÃO DAS INDÚSTRIAS DO ESTADO DE SÃO PAULO - FIESP Colaboradores · Collaborators: MMBB Arquitetos - ANGELO BUCCI, FERNANDO DE MELLO FRANCO, MARTA MOREIRA, MILTON BRAGA; KEILA COSTA, MARIA ISABEL IMBRUNITO, OMAR MOHAMAD DALANK, CARMEN MORAES, JUDITH HARDY, PABLO HEREÑU Constructora · Construction company: RACIONAL ENGENHAIRA Estructuras metálicas · Metal structures: EXACTA Iluminación · Lighting: GUILHERME BONFANTI Cálculo de estructuras y hormigón · Concrete structures engineer: ETALP ENGENHEIROS ASSOCIADOS; ARTHUR LUIZ PITTA Cálculo estructuras metálicas · Metal structures engineer: JORGE ZAVEN KURKDJIAN Instalaciones eléctricas e hidráulicas · Electrical and hydraulic systems: J.C. PASSERINI ENGENHARIA DE PROJETOS Aire acondicionado · Air conditioning: CONFORTO ENGENHARIA TÉRMICA

1999 Premio, Vitruvio 99 Arquitectura
Latinoamericana, MNBA, B/A: por el
conjunto de la obra · for body of work

OBRAS PRINCIPALES · MAJOR WORKS
1961 Gimnasio cubierto, Club Atlético
Paulista, São Paulo
1970 Sede de Joquei, Clube de Goiás,
Brasil (con · with J.E. de Gennaro)
1975 Estadio · Stadium, Serra Dourada,
Goiânia, Brasil
1994 Loja Forma—Móveis e Objetos de
Arte, São Paulo
1995 Museo Brasileño de Escultura,
São Paulo

La orientación adoptada para este proyecto es la de promover una reorganización espacial capaz de ordenar y hacer brillar el conjunto de las actividades desenvueltas en las áreas de recepción y de representación, en los niveles térreos y vestíbulos, del Edificio Sede da Federação das Induústrias do Estado de São Paulo. Ordenar y asegurar la harmonía entre el rigor exigido en la recepción y selección de los servicios, y la libertad y fluidez deseada para las actividades culturales. Interpretar la interlocución entre las funciones del edificio y la animación urbana en la avenida Paulista.

La construcción existente se organiza en una torre, donde, de modo general, están localizadas las áreas de trabajo y en una base, grande área de recepción y actividades culturales públicas, constituida por cuatro niveles notables:

815.00 - Acera de la avenida Paulista

816.50 - Vestíbulo a un metro y medio encima de la av. Paulista

813.50 - Vestíbulo a un metro y medio abajo de la av. Paulista (coincide con el nivel de entrada del teatro-auditorio)

809.60 - Nivel de entrada de los garajes, en la Alameda Santos (destaque para la conexión por medio de una rampa en línea recta con la av. Paulista)

En estos espacios ya existían precariamente instaladas la galería de exposiciones, biblioteca, teatro-auditorio y sus anexos, principalmente foyer y cafetería, espacios para eventos y el jardín de Burle Marx. La remodelación de esas instalaciones constituyó el programa principal de este proyecto.

La realización de esta nueva especialidad fue conseguida con técnicas adecuadas cuya posibilidad de ejecución fue examinada con los técnicos de la propia entidad, y, especialmente, con asistencia del ingeniero calculista.

Las estructuras nuevas, metálicas, son constituidas con perfiles de acero y chapas planas. Los escaparates y las fachadas frontales, de vidrio.

Las formas propuestas deberán crear una intrigante asociación entre las nuevas estructuras metálicas y las existentes, disfrutando tanto del gran "vacío" superior como de las "bóvedas", que iluminadas recibiendo proyecciones debe colaborar con el espectáculo de las exposiciones.

The guiding principle behind this project was to reorganise the space in order to pinpoint the activities taking place in the reception and representation areas on the ground-floor levels and in the foyers of the headquarters of the Federação das Indústrias do Estado de São Paulo. Further aims were to guarantee harmonious relations between the rigor required in the reception and selection of services and the desired freedom and fluidity of cultural activities, and to foster dialogue between the functions of the building and the urban bustle on Avenida Paulista.

The existing structure consists of a tower, which contains the work areas in general, and a base, accommodating the large reception area and space for public cultural activities, constituted by four floors:

815.00 - The sidewalk of av. Paulista.

816.50 - A foyer one and a half meters above av. Paulista.

813.50 - A foyer one and a half meters below av. Paulista coinciding with the entrance to the theater-concert hall.

809.60 - The entrance to the garages on Alameda Santos (linked by a straight ramp with av. Paulista).

Precariously installed in these spaces were the exhibitions gallery, library, theater-concert hall and their annexes, fundamentally the foyer and the cafeteria, spaces for functions and the Burle Marx garden. The remodeling of these installations constituted the main program of the project.

The development of this new programme required appropriate techniques whose execution possibilities were examined by experts employed by the entity. Particular assistance was provided by the calculations engineer.

The new metal structures consist of steel profiles and flat sheets. The display windows and front façades are of glass.

The forms created for the project were devised to set up an intriguing association between the new metal structures and the existing ones and to enhance both the great "void" above and the "vaults", which illuminated by projections are designed to contribute to the spectacle of the exhibitions.

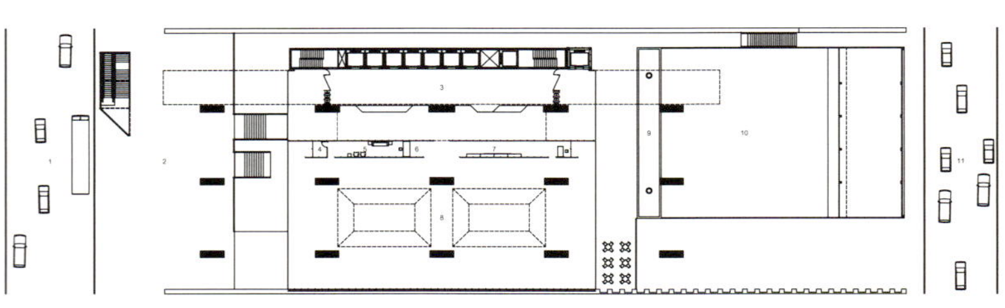
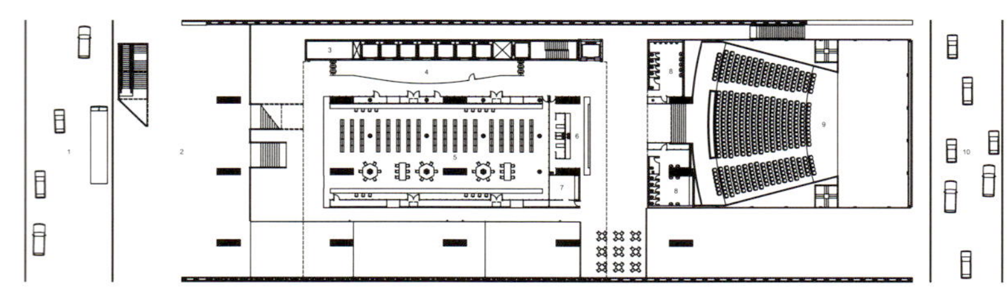

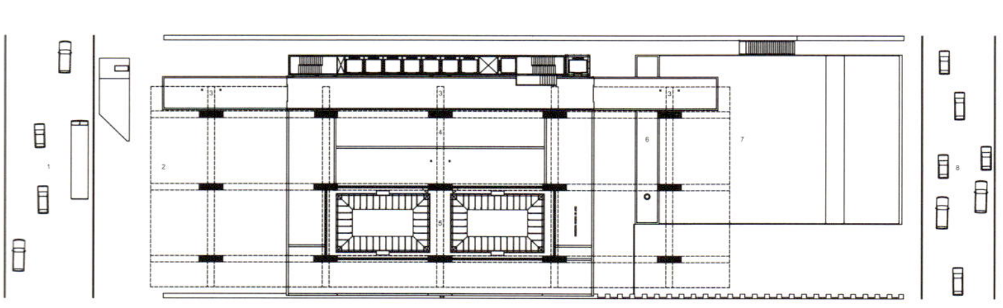
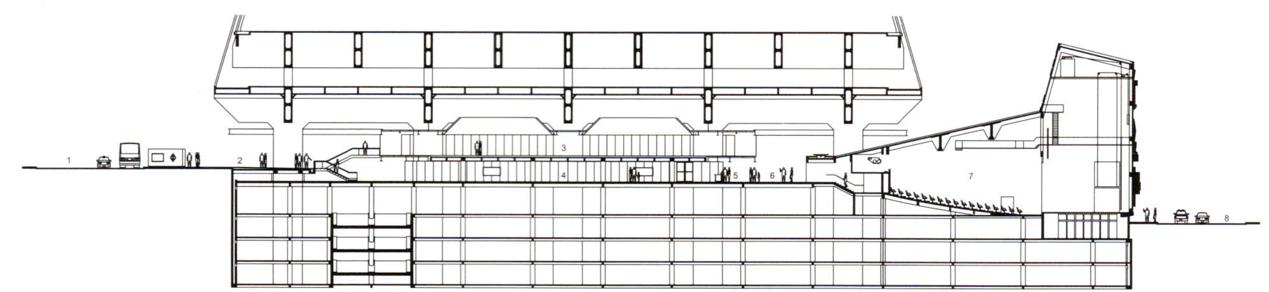

REMODELACIÓN PLAZA DE ARMAS
REMODELING OF THE PLAZA DE ARMAS

Santiago, Chile

1997 Ágora Arquitectos Asociados establecido en · established in Santiago de Chile

RODRIGO PÉREZ DE ARCE
1948 Nacido en · Born in Santiago de Ch
1972 Titulado en arquitectura · Diploma in architecture, Pontificia Universidad Católica de Chile (PUC de Ch), Santiago
1985-90 Profesor invitado · Visiting critic, University of Bath, Reino Unido · United Kingdom
1990 Diploma, Architectural Association, London
Desde · Since 1991 Profesor · Professor, PUC de Ch

SEBASTIÁN BIANCHI
1969 Nacido en · Born in Santiago de Ch
1996 Titulado en arquitectura · Diploma in architecture, PUC de Ch

ÁLVARO SALAS
1967 Nacido en · Born in Talca, Chile
1994 Titulado en arquitectura · Diploma in architecture, PUC de Ch
1999 Profesor · Professor, PUC de Ch

LEONOR A. CAAMAÑO
1971 Nacida en · Born in Santiago de Ch
1996 Titulada en arquitectura · Diploma in architecture, PUC de Ch

PRINCIPALES CONCURSOS
MAJOR COMPETITIONS
1988 Mención · Mention, Waterloo memorial competition, Bélgica · Belgium (R.Pérez de Arce)
1990 1er premio · 1st prize: Parque Cerro Blanco, Santiago (R.Pérez de Arce con · with T. Fernández)
1994 1er premio · 1st prize, Concurso de ideas: Bodegas Daewoo Electrónica Chile, Santiago (S.Bianchi)

Rodrigo Pérez de Arce, Sebastián Bianchi, Álvaro Salas, Leonor A. Caamaño

Cliente · Client: MUNICIPALIDAD DE SANTIAGO DE CHILE Colaboradores · Collaborators: MAXIMIANO ATRIA, PATRICIO MARDONES, MAURICIO PEZO, ALAN G. MORRIS
Constructora · Construction company: CIL INTERNACIONAL Ingeniería de estructuras · Structural engineer: SANTIAGO ARIAS Ingeniería hidráulica · Hydraulic engineer:
RICARDO SHEHADE Iluminación · Lighting: RAMÓN LÓPEZ Electricidad · Electricity: ERNESTO BIANCHI

1995 2o premio · 2nd prize: Ampliación colegio · Expansion school St. Thomas Morus, Santiago (L.Caamaño)
1998 1er premio · 1st prize: Conjunto habitacional · Housing complex Parque lo Curro, Santiago (Á.Salas)
1999 1er premio · 1st prize: Conjunto habitacional Dublé Almeyda, Santiago (Á.Salas)

OBRAS PRINCIPALES · MAJOR WORKS
1992 Cementerio Parque San Pedro, Concepción (R.Pérez de Arce con · with M.Pérez de Arce)
1994 Centro Cultural Estación Mapocho, Santiago (R.Pérez de Arce con · with M.Palmer, T.Fernández, R.López)
1998 Casa Valenzuela, Zapallar, Chile (Á.Salas)
1999 Casa Rabagliatti, Tunquén, Chile (Á.Salas con · with J.Pupkin)
1999 Oficinas Cisco Systems, Santiago (Á.Salas con · with J.Pupkin)

La plaza de armas americana es el sitio fundacional de la ciudad, su primer signo de permanencia, y el símbolo de un procedimiento inaugural histórico y no mitológico. Nuestro proyecto fue seleccionado en un concurso nacional de arquitectura, convocado en el marco de las obras para el inicio del milenio, y pensado de cara a una situación de franco deterioro de la Plaza de Armas afecta entonces además a extensas obras de excavación del metro.

Este espacio sufrió tres transformaciones significativas en su historia: en sus inicios, al igual que otras plazas fundacionales de América, su expresión fue la de un vacío, amplio (de aproximadamente 120 x 120 metros) y escénicamente múltiple en sus usos. A partir de la república, en las primeras décadas del siglo XIX, la plaza recibió un primer aporte arbóreo cuya expresión fue la de un jardín formal enrejado, más ornamental que utilitario, ocupando su centro. Hacia fines de siglo se emprendió una remodelación radical en la cual se introdujo un jardín romántico, de flora exótica y paseos en arabezco ocupando la mayor parte de su superficie. En esta instancia aparecieron el amoblamiento de escaños y el quiosco de música. Los retazos de esta plaza aun existían al inicio de las obras del proyecto.

Entre la primera y la última plaza hubo cambios sustantivos los cuales afectaron no solo su disposición y aspecto sino también sus usos y tradiciones: la primera, más urbana, congregaba prácticamente todas las funciones cotidianas festivas y dramáticas importantes de la ciudad. La última, se expresaba en cambio como el lugar de paseo de la aristocracia relegando otras actividades a lugares menos centrales. Hacia el inicio de las obras, el municipio pugnaba por preservar la integridad de sus jardines seriamente dañados por un uso masivo.

El proyecto reivindica de la primera plaza su cualidad múltiple y versátil. Extiende los suelos duros al total del cuadrante. Acoge la arborización desplazando levemente el espacio de jardines. Mediante operaciones de trazados y topografías redefine sus relaciones con las edificaciones circundantes. El retiro de la arborización en dos de sus frentes genera lonjas o explanadas hacia sus costados institucionales. Una nueva trama reticular de palmas de gran tamaño aporta una cualidad columnar y un sobretecho arbóreo. Una segunda trama de robles aporta sombra densa de verano y una expresión de variaciones estacionales. Ciertos núcleos de ceibos y jacarandaes ofrecen floración profusa a altura de copas, sumándose a los especímenes existentes.

In America, the plaza de armas marks the site where the city was founded. It is therefore Santiago's first sign of permanence and the symbol of a historic, rather than mythological, inaugural process.
Our project was selected from among entries to a national architecture competition, convened as part of a series of works for the new millennium and conceived to remedy the serious deterioration of the plaza, affected at the time also by large-scale excavation works for the metro.
Throughout its history, the plaza has undergone three major transformations: initially, like other American foundational plazas, it was a large (approximately 120 x 120 metres) void given over to multiple uses. When the republic was constituted, in the first decades of the 19th century, trees were planted in its center to create an ornamental, rather than utilitarian, fenced-in formal garden. Towards the end of the century the plaza was radically remodeled and transformed into a romantic garden, consisting of exotic plants and arabesque promenades covering most of its surface area. This was when the benches and music pavilion appeared. Vestiges of this plaza still existed when work began on our project.
Between the first and the last plaza substantial changes took place that affected not only its layout and appearance but also its uses and traditions: the first, more urban, was the site for practically all the city's major festive and theatrical events; the last, by contrast, was reserved as a place in which the aristocracy could parade, while other activities were relegated to less central areas. When work on the project began, the city council was greatly concerned with preserving the gardens, which had been seriously damaged by mass use, in their entirety.
The project recuperates the initial multiple, versatile quality of the plaza. The hard paving has been extended to the whole of the quadrant and encompasses the trees, the gardens having been slightly displaced. Topographical and layout operations have redefined its relationship with the surrounding urban tissue. The withdrawal of trees on two of its sides has created esplanades opposite the institutional buildings. A new grid of tall palm trees creates a column effect and an arboreal roof. A second plantation of oaks provides extensive shade in summer and marks the changing seasons. Interspersed between these specimens, nuclei of ceibas and jacarandas blossom profusely at treetop height.

El descentramiento del cuadrante de los árboles desestabiliza la formalidad jerárquica de la plaza tradicional. Textos y bajorrelieves alusivos a la ciudad son incorporados a los pavimentos. Numerosos escaños ofrecen una gran capacidad de asientos bajo la sombra continuando una tradición de plaza de agrado. El nuevo odeón, resituado, actúa como un escenario de múltiples frentes.

The displacement of the tree quadrant serves to break the formal hierarchical order of the traditional plaza. Texts and bas-reliefs alluding to the city have been incorporated into the paving. Numerous benches provide seating for a large number of people beneath the shade. The new, relocated pavilion acts as a multi-sided stage.

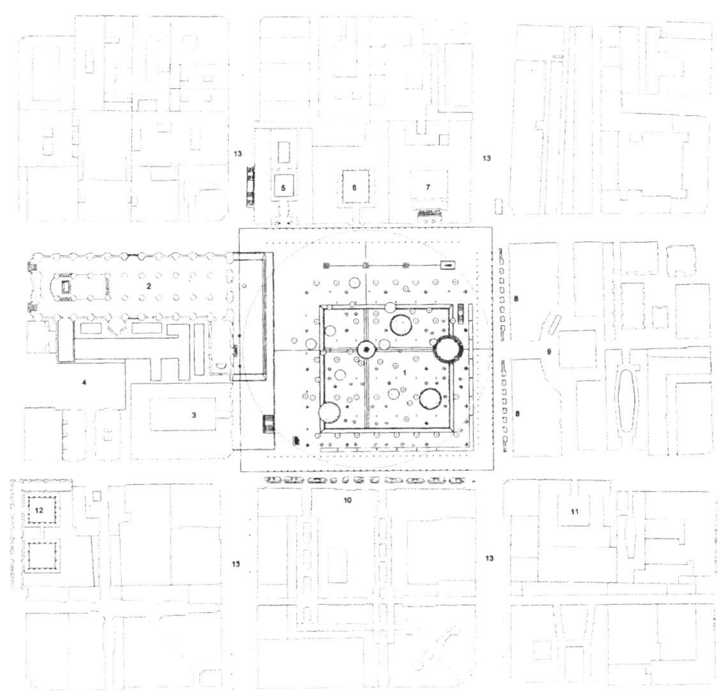

EDIFICIO DE POSGRADOS
FACULTAD DE CIENCIAS HUMANAS

POSTGRADUATE BUILDING
FACULTY OF HUMAN SCIENCES

Universidad Nacional de Colombia, Bogotá

Rogelio Salmona

ROGELIO SALMONA
1929 Nacido en · Born in París
1964 Titulado en arquitectura · Diploma in architecture, Universidad de los Andes, Bogotá

PREMIOS Y DISTINCIONES
PRIZES AND DISTINCTIONS
Premio Nacional de Arquitectura · National Architecture Prize, Colombia
1995 Premio · Prize América, São Paulo
1995 Doctor Honoris Causa, Universidad Nacional de Colombia, Bogotá
1998 Premio Príncipe Claus, Amsterdam
1998 Finalista · Finalist: Archivo General de la Nación, 1er Premio Mies van der Rohe de Arquitectura Latinoamericana

OBRAS PRINCIPALES · MAJOR WORKS
1970 Residencias · Residential El Parque, Bogotá
1985 Casa de Huéspedes de Colombia, Cartagena de Indias
1986 Centro Cultural Quimbaya, Armenia, Colombia
1993 Archivo General de la Nación · National Archive, Bogotá
1994 Centro Comunal Nueva Santa Fé, Bogotá

Cliente · Client: UNIVERSIDAD NACIONAL DE COLOMBIA Colaboradores · Collaborators: EDILBERTO AMADO, FERNANDO AMADO, MARÍA ELVIRA MADRIÑÁN Constructora · Construction company: OBREVAL Interventoría · Auditing: FRANCISCO DE VALDENEBRO Ingeniería estructural · Structural engineer: LUIS GUILLERMO AYCARDI Instalaciones eléctricas · Electrical systems: CONTROLEC LTDA Instalaciones sanitarias · Plumbing: PLINCO SA

El Edificio de Posgrados de la Facultad de Ciencias Humanas está ubicado en la Ciudad Universitaria de la Universidad Nacional de Colombia en Bogotá.

Tiene un área de 11.000 m²; 3.500 m² para estacionamientos de vehículos y 7.500 m² para aulas, seminarios, auditorios, sala de lectura, cafetería, cubículos para 80 investigadores permanentes y administración.

El edificio lo compone un patio de acceso y dos patios interiores.

Un vestíbulo central distribuye a todas las dependencias: hacia el norte atravesando uno de los patios, se accede a la biblioteca; por el occidente a la sala de exposiciones y a un espacio multi-uso rodeado de rampas que comunican a su vez con la cefetería y con la cubierta jardín; por el sur el vestíbulo da acceso a las aulas, a las salas de seminarios y a dos auditorios con capacidad de 140 y 400 personas. Estos dos auditorios tienen también acceso al exterior por medio de una rampa.

El segundo nivel contiene 4 auditorios y 8 salas de seminarios.

En el tercer nivel se encuentran los cubículos para los investigadores, la administración, un auditorio al aire libre, dos apartamentos para profesores invitados y un gran jardín. Todos los niveles se comunican entre sí por medio de rampas.

El edificio está construido con una estructura de hormigón visto, color ocre y ladrillo cocido a 1.150 grados de color similar al hormigón.

En este proyecto se puso en práctica ensayos de mezclas de arena, hormigón y agregados, para obtener materiales de colores afines. Igualmente el ladrillo tiene una coloración ocre. Es una mezcla de caolín y greda de la Sabana de Bogotá, cocidos al 1.150 grados.

The Postgraduate Building of the Human Sciences Faculty stands on the campus of the Universidad Nacional de Colombia in Bogotá.

Its total surface area of 11,000 m² is divided into a 3,500 m² parking lot and 7,500 m² for classrooms, seminar rooms, auditoriums, a reading room, a cafeteria, cubicles for 80 permanent researchers and administration offices.

The building features an access patio and two interior patios.

The central vestibule leads off into all the dependencies: to the north, the library is entered by crossing one of the patios; to the west, access is gained to the exhibition hall and a multi-purpose space surrounded by ramps linked, in turn, to the cafeteria and the roof garden; to the south, the vestibule provides access to the classrooms, the seminar rooms, and two auditoriums with a seating capacity for 140 and 400. Ramps also lead from the auditoriums to the exterior.

The second floor houses 4 lecture halls and 8 seminar rooms.

On the third floor are the cubicles for researchers, the administrative offices, an open-air auditorium, two apartments for visiting professors and a large garden. All the levels are linked by ramps.

The building consists of a structure of bare ocher concrete and bricks, similar in color to the concrete, baked at 1,150 degrees.

For this project, experiments made with mixtures of sand, concrete and aggregates to obtain similarly colored materials were subsequently put into practice. Even the bricks, a mixture of kaolin and fuller's earth from the Sabana de Bogotá baked at 1,150 degrees, are ocher coloured.

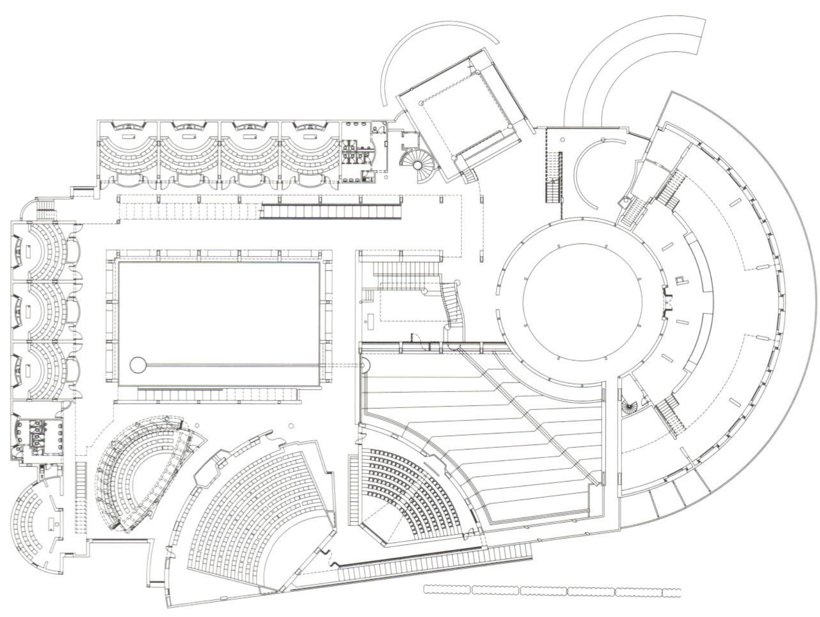

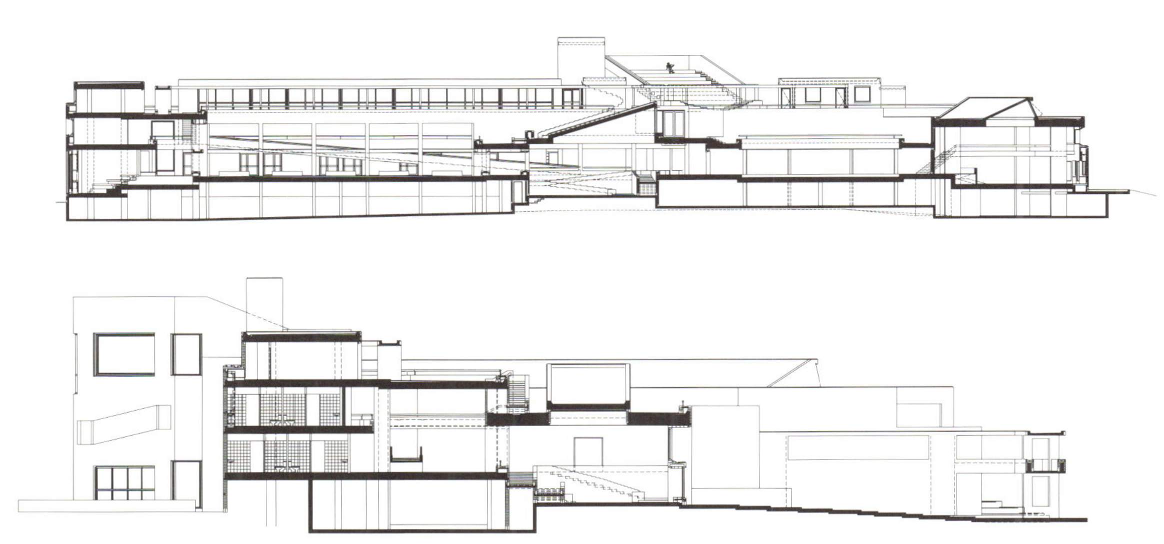

READECUACIÓN DE LA SALA DE MÁQUINAS DE LA FACULTAD DE INGENIERÍA

REFURBISHMENT OF THE MACHINE ROOM OF THE ENGINEERING FACULTY Montevideo, Uruguay

Juan Gustavo Scheps

JUAN GUSTAVO SCHEPS
1954 Nacido en · Born in Montevideo
1978 Titulado en arquitectura · Diploma in architecture, Universidad de la República de Uruguay (UROU), Montevideo
Desde · Since 1985 Profesor · Professor, UROU

PRINCIPALES CONCURSOS
MAJOR COMPETITIONS
1986 1er premio · 1st prize: Conjunto habitacional · Housing complex 8 de octubre, Montevideo (con · with B.Carriquiry, J.Falkenstein, A.Nogueira, N.Tuzman, J.Urruzola)
1989 1er premio · 1st prize: Panteón bancario (con · with M.Barreira, F.Comerci)
1990 1er premio · 1st prize: Plantecho, Montevideo (con · with M.Barreira, R.Béhèran)
1996 1er premio · 1st prize: Edificio sede regional norte · North regional center, UROU (con · with M.Barreira, A.Fazakas)
1998 3er premio · 3rd prize, Memorial detenidos desaparecidos · Memorial to the missing victims of repression, Montevideo (con · with M.Barreira, A.Fazakas, S.Lenzi, E.Miranda, A.Toledo)

Cliente · Client: FACULTAD DE INGENIERÍA, UNIVERSIDAD DE LA REPÚBLICA ORIENTAL DE URUGUAY El proyecto se desarrolló en el marco de la Dirección de Arquitectura de la UROU. Durante el proceso de proyecto y parte de la construcción fue Director de la misma Carlos Queirolo, dirigiéndola en la actualidad Jorge Galíndez · The project was developed under the auspices of the Dirección de Arquitectura de la UROU. While the project was being drawn up and during part of the construction process, the director was Carlos Queirolo. The current director is Jorge Galíndez. Colaboradores · Collaborators: MARTHA BARREIRA (consultor), CECILIA VETRALE, ANA FAZAKAS, MARÍA AROZTEGUI, GUSTAVO BARLOCCO Constructora · Construction company: MINISTERIO DE OBRAS PÚBLICAS; HERRERÍA RUDELLI; CLÁSICOS SA; FILIPIAK SA; SANTINI SA Diseño de estructura · Structural design: GUSTAVO SCHEPS Cálculo de estructura · Structural calculation: DANIEL RAPETTI Instalación eléctrica · Electrical systems: PODESTÁ, MARCHISIO Instalación sanitaria · Plumbing: JOSÉ SCAPPA Asistente académico, Facultad de Ingeniería · Academic assistant, Engineering School: CARLOS ANIDO

PREMIOS Y DISTINCIONES
PRIZES AND DISTINCTIONS
1995 1er premio · 1st prize: Panteón
bancario, Menciones · Mention: Casa
Barreira Scheps, Laboratorio EUBSA,
III Concurso Nacional, SAU
1996 1er premio · 1st prize MAX:
Readecuación sala de máquinas
de ingeniería, Bienal Internacional
de Diseño
1997 Bienal Diseño x Diseño:
Readecuación sala de máquinas
de ingeniería, Papelería · Stationers
Centroutil (con · with M.Barreira,
A.Fazakas, S.Lenzi)

Desde · Since 1999 Presidente,
Consejo Especial de los Pocitos,
designado por · appointed by Mariano
Arana, Intendente de Montevideo

OBRAS PRINCIPALES · MAJOR WORKS
1985 Casa Barreira Scheps,
Montevideo (con · with M.Barreira)
1989 Laboratorio EUBSA, Montevideo
(con · with M.Barreira)
1991 Panteón Bancario, Montevideo

El edificio de la Facultad de Ingeniería proyectado hacia 1936 por Julio Vilamajó, constituye una clave de la arquitectura uruguaya. La Sala de Máquinas ocupa su Cuerpo Norte: el prisma regular de 45 x 15 metros y 15 de alto –vacío– reserva un extraordinario impacto, a partir de sus proporciones, su luz y su peculiar accesibilidad superior. Es un ámbito intrigante y sugerente.

La iniciativa de reconvertir este espacio prácticamente sin uso, requería despachos para investigadores y administración, y una planta baja con mínimos apoyos, para modelos hidráulicos de grandes dimensiones.

Con el objeto de preservar aspectos esenciales, se propuso un juego de escalas imbricadas, que conduce desde el espacio total al pequeño despacho. Múltiples perspectivas son dramatizadas por tensores oblicuos y verticales que dividen en dos las vigas principales, y desvían el peso de la nueva construcción hacia capacidades ociosas de la estructura existente, sobre una planta baja totalmente libre.

Las bandejas flotan en el vacío. Dos de ellas "duras" rectas, reafirman con sus barandas de chapa perforada la división de la altura en tercios; tres "suaves", curvas, de barandas livianas, se intercalan entre las primeras.

Todo lo nuevo es metal. La imagen deriva del control del detalle frente a la robustez de perfiles normales y sencillas soluciones constructivas que aluden a lo fabril. Los grandes modelos de puertos y sus reflejos, densifican la carga de significados en este espacio complejo, de extraña sonoridad e iluminación.

De la experiencia de recorrer el sitio y recoger las lecturas simultáneas propuestas, surge el sentido del todo. El interior sostiene un juego de contrastes y complementos. Las abstracciones y las materialidades son desarrolladas como temas de una fuga musical, a un tiempo independientes e interrelacionados, evocando un contrapunto de diálogos en el espacio, y a través del tiempo.

La construcción se ha desarrollado en un lento proceso, pautado por los exiguos recursos disponibles. A fines de 1999 se concluyó y ocupó la primer etapa de la intervención.

The Engineering Faculty building, designed and constructed around 1936 by Julio Vilamajó, is a key element of Uruguayan architecture. The Machine Room occupies its north wing: the regular –empty– prism of 45 x 15 metres, 15 metres high, creates an extraordinary impact by virtue of its proportions, its light and its unusual entrance at the top. It is an intriguing, expressive structure.

The refurbishment of this practically disused space involved the creation of offices for researchers and administrative staff and an open-plan ground floor in which to house large-scale hydraulic models.

With a view to preserving essential aspects, a system of overlapping scales was adopted that leads from the total space to the small office. A multitude of perspectives are given a theatrical aspect by oblique and vertical struts that divide the main beams into two and divert the weight of the new construction toward the existing structure, given the latter's unexploited load-bearing capacity, over a totally open-plan ground floor.

The "tray-like" levels float in the void. Two of them are "hard" straights whose perforated sheet metal banisters enhance the division of the height into thirds. Three "soft" curved "trays", with light banisters, are inserted between their "hard" counterparts.

The new structures are entirely of metal. The image derives from attention to detail to counterbalance the robustness of the normal profiles, and from simple constructional solutions that allude to industrial architecture. The models of major ports and their reflections intensify the load of meanings in this complex space of unusual sound and light qualities.

The meaning of the project derives from the experience of examining the site and taking in its simultaneous readings. The interior constitutes an interplay of contrasts and complements. The abstract and material qualities are developed as the themes of a fugue. They are at once independent and interrelated and evoke a counterpoint of dialogues in space and through time.

Construction has been a slow process due to the paucity of economic resources available. The first phase was completed and occupied in 1999.

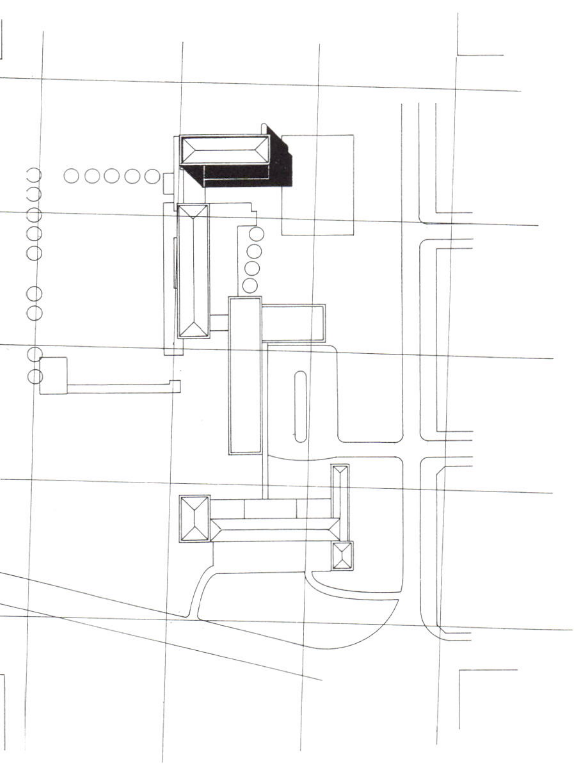
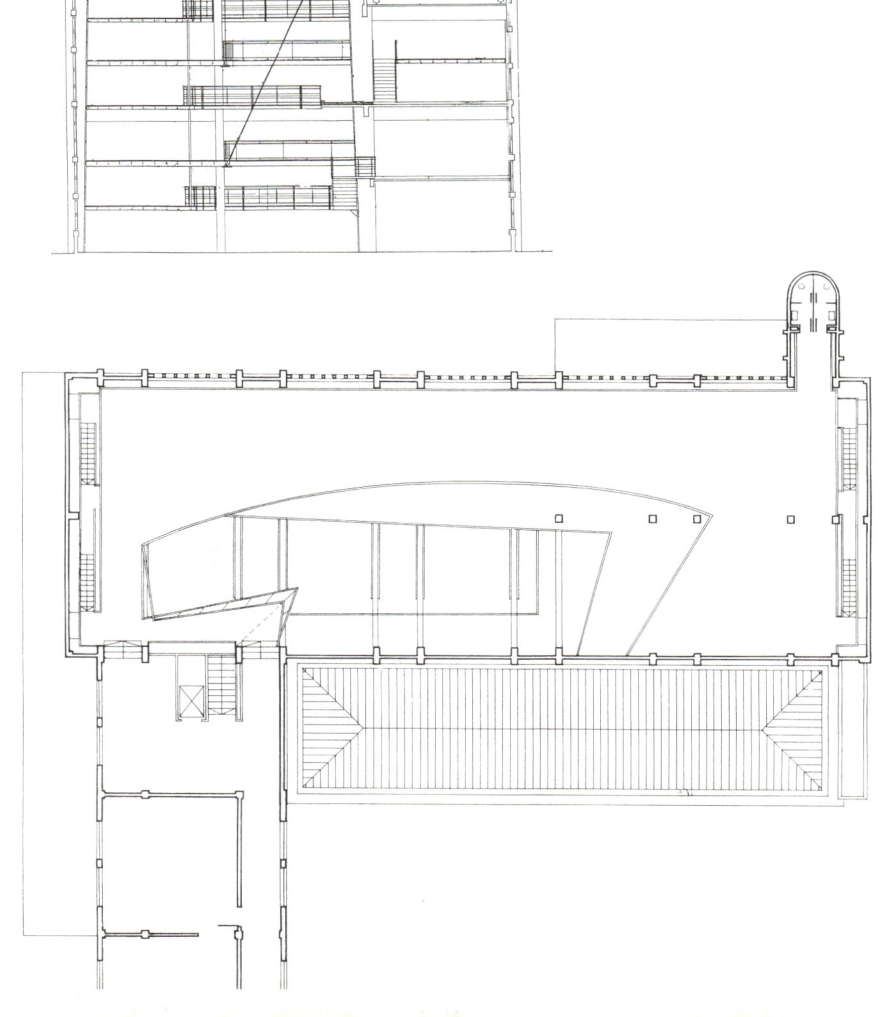

CASA-TALLER Y GALERÍA DE ARTE
HOUSE-STUDIO AND ART GALLERY

Quito, Ecuador

FRANCISCO URSÚA COCKE
1937 Nacido en · Born in Santiago de Chile
1960 Titulado en arquitectura · Diploma in architecture, Universidad Nacional Autónoma de México (UNAM), México DF
1973-79 Contratista de obras públicas federales · Contractor of federal public works, México
1986 Máster en arquitectura, University of Texas
1979 Administración de persona · Staff administration, Instituto Politécnico Nacional, México
1962-68 Profesor · Professor, UNAM
1972-73 Director, Facultad de arquitectura, Universidad Veracruzana, Xalapa, México
1980-81 Director de capacitación · Director of training, DIAVAZ, construcción subacuática · underwater construction, México

1992 Consultor externo · Independent consultant, Getty Foundation, Los Angeles
Desde · Since 1993 Consultora INALDAZ, Fotogrametría terrestre y aérea · Terrestrial and aerial photogrammetry, Quito
Desde · Since 1995 Profesor · Professor, Universidad Católica, Quito

PRINCIPALES OBRAS · MAJOR WORKS
1958-63 Casas unifamiliares · Single-family dwellings, México DF
1969-72 Edificios de apartamentos · Apartment buildings, México DF
1973 Edificio de playa · Building on beach, Acapulco
1974 Restauración, diez templos dañados por el sismo de septiembre de 1973 · Restoration of ten churches damaged by the September 1973 earthquake, México

Francisco Ursúa Cocke

Constructora · Building contractor: mano de obra (pagada) de los vecinos exclusivamente · The neighbors were the exclusive (paid) work force.

Un arquitecto mexicano, profesor universitario residente ya ocho años en el Ecuador, muy aceptable acuarelista y que tiene además experiencia directa de trabajo en la aviación, en la arquitectura naval y en la industria petrolera, se decide a probar suerte en un barrio de regularización poblado por artesanos, pequeños comerciantes y empleados públicos, con vistas a la ciudad, al bosque protector y al Ruco Pichincha. Construye pues su estudio de acuarelista, taller de enmarcado y restitución fotográfica, casa de habitación y galería de arte, con la mano de obra de los vecinos exclusivamente -quienes le dan una bienvenida calurosa y franca. Vive ahí sin cercas ni rejas de protección y establece dentro de su propiedad áreas comunales jardinadas, que vigilan y utilizan sus colindantes para lacar muebles, lavar ropa y tenderla a secar, y para los juegos de sus hijos (los de edad escolar se acercan regularmente a consultar la memoria y los libros de nuestro aventurero. Cimientos de piedra sobre plantillas de hormigón pobre y con impermeabilización asfáltica en sus remates; estructura mixta de muros portantes y muros antisísmicos en ladrillo de doble cara con huecos interiores, reforzados con hormigón; estructura del taller en hierro comercial, perfiles en ángulo "T" y canal; pisos y fachada de aglomerados de madera reciclada (cajas de empaque de viruta de pino con resina fenolica); cubiertas de hormigón reforzado, madera reciclada y planchas de acero galvanizado; puertas y ventanas de madera de laurel con acabado natural; vidrio triple artesanal sobre ventanería de perfiles de hierro y ángulo "T".

A Mexican architect, a university professor who has been living in Ecuador for eight years, and a respectable watercolor painter who also has first-hand experience in aviation, in naval architecture and in the oil industry, decided to try his luck in a neighbourhood populated by artisans, small shopkeepers and neighbourhood functionaries, with views of the city, the sheltering forest and the Ruco Pichincha. Thus he built his watercolorist's studio, workshop in which to frame and restore photographs, dwelling and art gallery, built for him exclusively by his neighbours, who warmly welcomed him into the community. He lives there without fences or protective grilles, and on his property he has created landscaped communal areas in which his immediate neighbours may lacquer furniture, do the washing and hang it out to dry, and in which children may play (those of school-going age regularly come to consult our adventurer's memory and books).

The stone foundations rest on concrete templets and are weatherproofed with asphalt; the mixed structure of bearing walls and earthquake-resistant walls in double-faced brick with interior hollows is reinforced with concrete; the studio structure consists of iron angle, T-shaped profiles and gutters; the floors and façades are of recycled timber plywood; the roofs are of reinforced concrete, recycled timber and galvanised steel sheets; the laurel wood doors and window frames have natural finish; craft-made triple glazing on angle iron and T-shaped profiles.

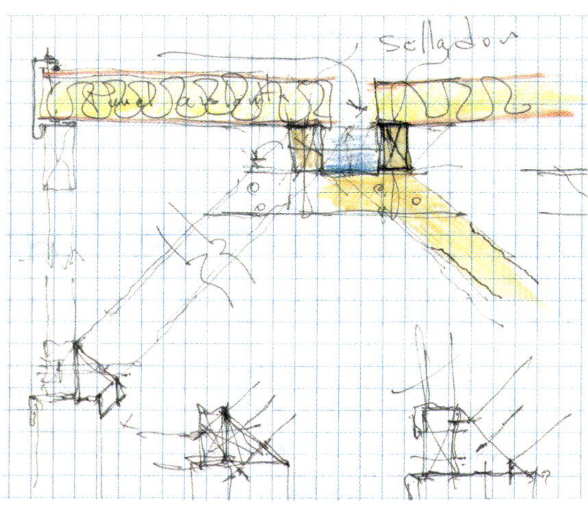

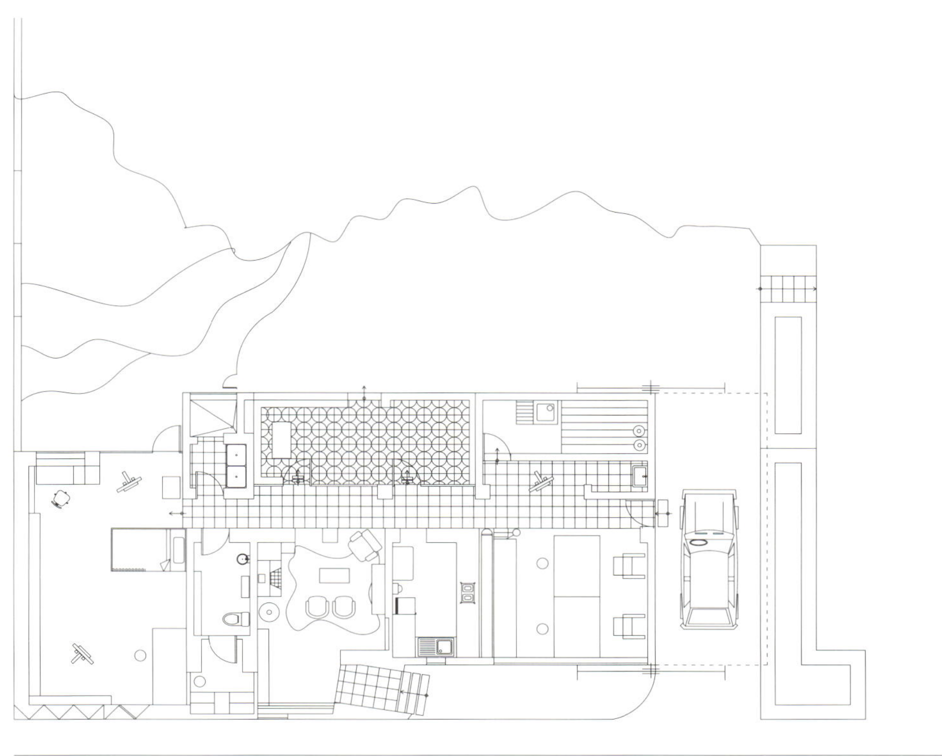

CRÉDITOS FOTOGRÁFICOS
PHOTOGRAPHIC CREDITS

RESTAURACIÓN, REFORMA Y ADAPTACIÓN
DEL EDIFICIO DE LA PINACOTECA DEL ESTADO
DE SÃO PAULO
Nelson Kon
Cristiano Mascaro

FACULTAD DE MATEMÁTICAS, PONTIFICIA
UNIVERSIDAD DE CHILE
Tadeuz Jalocha

COMPLEJO VACACIONAL DEL SINDICATO DE
TRABAJADORES DE LA ADMINISTRACIÓN
NACIONAL DE ELECTRICIDAD
Gabinete de Arquitectura

CASA DE LA QUEJA
Sylvia Patiño

EDIFICIO DE DEPARTAMENTOS AMSTERDAM 18
Luis Gordoa

IGLESIA DE SANTA MARÍA DE LAS BRISAS
Fernando Domeyko

CENTRAL HIDROELECTRICA 23 DE
ENERO-MACAGUA
Thea Segall

CASA EN LA BARRANCA MEROI-CHAUMET
Gustavo Fritegotto

EDIFICIO MANANTIALES
Guy St. Clair

CASA NEGRO
Luis Gordoa
Marta Irene Alcántara
Paul Czitrom

CASA REUTTER
Alberto Piovano

CASA EN PLAYA BONITA
Revista Arkinka
Juan Enrique Bedoya
Diane Gray

CENTRO CULTURAL FIESP
Nelson Kon

REMODELACIÓN DE LA PLAZA DE ARMAS
Hernan Jara Cornejo
Juan Purcell
Sebastian Bianchi

EDIFICIO DE POSGRADOS, FACULTAD
DE CIENCIAS HUMANAS
Rogelio Salmona
Txell Cuspinera

READECUACIÓN DE LA SALA DE MÁQUINAS
DE LA FACULTAD DE INGENIERÍA
Álvaro Percovich
Gustavo Scheps
Andrés Fernández

CASA-TALLER Y GALERÍA DE ARTE
Francisco Ursúa Cocke

COLOFÓN · COLOPHON

Esta publicación es una cooperación entre la
Fundación Mies van der Rohe y ACTAR ·
This publication is a collaboration between the
Fundació Mies van der Rohe and ACTAR

PUBLICACIÓN · PUBLICATION
Fundació Mies van der Rohe

DIRECCIÓN · DIRECTION
Diane Gray

DOCUMENTACIÓN Y COORDINACIÓN GRÁFICA
DOCUMENTATION AND GRAPHIC COORDINATION
Meritxell Cuspinera

COLABORADORAS · COLLABORATORS
Anna Bes
Ariadna Gilabert
Griselda Massó

TRADUCCIÓN · TRANSLATION
Richard Rees
Mireia Alegre

DIGITALIZACIÓN DE DIBUJOS
DIGITALISATION OF DRAWINGS
David Sánchez

DISEÑO GRÁFICO · GRAPHIC DESIGN
Ramon Prat
Margarida Gibert

COORDINACIÓN · COORDINATION
Albert Ferré

PRODUCCIÓN · PRODUCTION
Font i Prat Ass.

IMPRESIÓN · PRINTING
SA de Litografia

DISTRIBUCIÓN · DISTRIBUTION
ACTAR
Roca i Batlle 2, 08023 Barcelona
Tel (+34) 934 187 759
Fax (+34) 934 186 707
arquitec@actar.es
www.actar.es

El material de los proyectos publicados
ha sido facilitado por los arquitectos ·
The publication material for the projects
has been provided by the architects

© de la edición, Fundació Mies van der Rohe
    y ACTAR, Barcelona
© de las imágenes, sus autores
© de los textos, sus autores

ISBN 84-95273-63-2
D.L. B-4709-00

Impreso y encuadernado en la Unión Europea
Printed and bounded in the European Union